Joe Zangerl

DIE ÖSTERREICHISCHE SNOWBORDSCHULE

Offizieller Lehrplan des Österreichischen Skischulverbandes
Herausgegeben vom ÖSSV

EDITION HERANT

Der Herausgeber, der Verlag und der Autor danken der Fa. Wintersteiger für die Unterstützung, die das Zustandekommen dieses Lehrplans in der vorliegenden Ausführung ermöglicht hat.

IMPRESSUM:
ISBN: 3–90 1377–11–5

Objektbetreuung: Josef Frühwirth
Grafische Gestaltung: Karin I. Dreher
Litho: Media & Grafik
Druck und Bindearbeiten: PPS-Druckservice

Fotos:
Burton: A. Hourmont, Carson, Rod Walker,
Hubert Schriebl, Chris Noble, Cassimus;
F2: Wojciech, Leo Himsl, Woschech, Samuels, Heinz Endler;
Thomas Höffgen; Ernst Lorenzi;
Mistral: Mike Stern, Ulli Seer;
O'Neill; Protective; Surf Development;

INHALT

Inhalt

Vorwort

Snowboarden hat das Bild des Wintersportes in den vergangenen Jahren sehr positiv beeinflußt.

Obwohl anfänglich abgelehnt und belächelt hat das Snowboarden, ähnlich wie das Wedeln in den fünfziger Jahren, einen enormen Boom ausgelöst.

Das Bedürfnis vieler Menschen, sich in der Natur zu entfalten und zu erholen, nimmt weiterhin zu. Daher ist es wichtig, ein vernünftiges und für alle Wintersportler akzeptables Miteinander auf den und abseits der Pisten zu finden.

Seit 1987 wird im Österreichischen Skischulverband Snowboard-Interessierten die Faszination des Boardens näher gebracht.

Der vorliegende Snowboard-Lehrplan gibt einen Einblick in die Snowboard Technik vom Anfänger bis zum Könner. Darüber hinaus befaßt sich ein eigenes Kapitel mit Rennlauf und Renntechnik und ist den Superprofis gewidmet.
Der Snowboard-Lehrplan ist nicht nur ein wichtiger Lehrbehelf beim Unterricht und bei der Ausbildung, sondern soll auch dem interessierten Laien Hilfe und Anleitung bei der Ausübung dieser Sportart sein.

Ich danke im Namen aller Ski- und Snowboardlehrer, jenen, die den neuen Lehrplan entwickelt und gestaltet haben und wünsche allen Anwendern viel Freude damit

Erich Melmer
Präsident des
österreichischen
Skischulverbandes

Widmung

Dieses Buch widme ich meiner Freundin Petra, die mir soviel Kraft gab und viele Stunden für das Korrekturlesen der Manuskripte investierte, meiner Mutter Genoveva und meinem erst kürzlich verstorbenen Vater Josef, die mir mit ihrer Liebe und ihrem Vertrauen den Mut schenkten, voranzugehen auf meinem Weg.

Danksagung

Das Verfassen eines Lehrplanes ist eine komplexe Tätigkeit – viele Bausteine sind dazu notwendig. Allein, ohne Erfahrungsaustausch mit Praktikern ist dieses Vorhaben beinahe undurchführbar. Deshalb möchte ich an dieser Stelle dem Initiator dieses Buches, dem Ausbildungsleiter des ÖSSV für Snowboard, Harry Stark, und den Pionieren dieser Ausbildung, Josef Fiegl und Markus Morandell, für ihre Unterstützung und ihr Engagement danken.

Danken möchte ich auch Markus Löffler, Markus Überbacher und Robert Veider für die eingebrachten Ideen und Anregungen. Dem Demo-Team Heidi Neururer, Markus Jeitner und Armin Maurer sowie dem Fotografen Ernst Lorenzi gilt auch ein großes Dankeschön. Für seine Bemühungen um das Kapitel Freestyle danke ich Klaus Sahler. Ebenso bedanke ich mich bei Thomas Höfftgen, Fadri Mosca (Riesentorlaufweltmeister 1997) und Karl Heinz Zangerl (Slalomweltmeister 1997) für das attraktive Bildmaterial. Für die Geduld und den Glauben an dieses Buch sei Beppo Frühwirth von ganzem Herzen gedankt. Karin Dreher möchte ich ganz besonders für die graphische Gestaltung und die ansprechende optische Umsetzung danken. Abschließend sei allen Helfern und Helfershelfern gedankt, die beim Zustandekommen dieses Buches mitgewirkt haben.

EINLEITUNG

Einleitung

Wer dieses Buch kurz durchblättert wird vielleicht im ersten Moment von der Vielzahl der theoretisch beschriebenen Schwungformen und Übungsreihen abgeschreckt, die noch dazu in der Schweiz, Deutschland oder Italien teilweise unter anderem Namen oder mit geringen Variationen gefahren werden.
Die Auswahl dieser Schwungformen soll nur ein Angebot sein. Ich finde, daß Snowboarden alles sein kann und alles sein darf.
Wegen dieser Vielfalt haben wir uns in diesem Buch für einen roten Faden entschieden: Denn vom Anfängerbereich bis hinauf zum Rennsport lassen sich Kernbewegungen beschreiben, die notwendig sind, um Schwünge zu fahren, und die helfen, eine funktionelle Technik in der jeweiligen Situation anzuwenden. Aus diesen Kernbewegungen ergibt sich dann die funktionelle Technik.
Bei jedem Lernprozeß kommt es darauf an, was und wie vermittelt wird. Besonders beim Einstieg ins Snowboarden spielen psychische Faktoren eine entscheidende Rolle: Kann dem Anfänger die Angst genommen werden, dann „geht" die Fahrt fast von selbst – vorausgesetzt, die notwendigsten Fertigkeiten werden beherrscht. Diese werden im vorliegenden österreichischen Lehrplan systematisch und rational aufgearbeitet.
Die vorrangige Aufgabe der Snowboardlehrer besteht darin, ihre Kompetenz so einzusetzen, daß sie den momentanen Lernstandpunkt ihrer Schüler im Gesamtprozeß lokalisieren können, um daraufhin deren Bewußtsein und Lernweg auf bestimmte „Knotenpunkte" lenken zu können.
Ein erfahrener Snowboardlehrer oder Snowboardtrainer wird seine Schützlinge nicht mit zu theoretischer Technikschulung überfordern. Viele Schüler begreifen durch Beobachtung, deshalb muß immer auch ihre Fähigkeit zu intuitiver Nachahmung gefördert werden. Auch wenn der Schüler etwas sprachlich noch gar nicht in Worte fassen oder analytisch zerlegen kann, strömt doch die Energie, des Willens, es demLehrer nachzumachen, durch seinen Körper, und schon gelingt es. Optisch vielleicht noch unvollkommen (Grobform), aber intuitiv bereits richtig.
„Mit Energie geladen" zu sein, heißt nicht unbedingt auch „energisch" zu sein, obwohl dies dazugehören kann. „Energiegeladen" kann man vielleicht besser mit einem „wachsam-entspannten" oder „hier und jetzt" Zustand beschreiben.

Im Anfängerunterricht ist es ganz wichtig, daß der Schüler psychisch positiv eingestellt ist. Deshalb müssen einige Leitsätze berücksichtigt werden:
Es gibt kein „richtig" oder „falsch". Eine Bewegung ist „funktionell" oder „unfunktionell".
Im Anfängerunterricht geht es darum, möglichst breite Bewegungserfahrungen zu sammeln.
Durch gezielte Aufgabenstellung soll der Schüler die Möglichkeit erhalten, durch praktisches Tun diese Bewegungserfahrungen selbst zu entdecken und zu erleben.
Wenn eine Aufgabe als Übung gestellt ist, geht es in erster Linie nicht darum, die geforderte Bewegung einzuschleifen, selbst wenn sie funktionell und ökonomisch ist, statt dessen soll vor allem Bewußtheit durch Aufmerksamkeit entwickelt werden. Die verschiedenen Übungen folgen daher rasch aufeinander, so daß Unterschiede aus dem eigenen, bewußt erlebten Bewegungsablauf verstanden werden können.
Es geht also darum, sich von der einengenden Vorstellung eines Lernzieles frei zu machen, von deren Standpunkt eine Bewegung dann als richtig oder falsch bewertet wird.
Das tief verankerte Wissen um einen optimalen Bewegungsablauf entsteht nur dadurch, daß das Wissen um die Vielfalt der Bewegungsmöglichkeiten auch persönlich – im wahrsten Sinne des Wortes – erfahren werden konnte. Wenn ein Schüler also in der praktischen Tätigkeit erkennt, daß eine Bewegung so oder auch anders sein kann, wird er dadurch in die Lage versetzt, graduelle Unterschiede seines Bewegungsablaufes auszuprobieren.
Der Schüler soll also begreifen lernen, daß es Unterschiede in der Aufgabenstellung, Unterschiede in der Realisierungsabsicht und Unterschiede in der Bewegungsausführung gibt, die jeweils nur den Unterrichtsrahmen für seine eigenen Erfahrungen darstellen.
Erst in späteren Lernphasen soll dann die Aufmerksamkeit auf das Gesamtbild der Bewegung erweitert werden, um eine Ganzkörperbewußtheit herauszuarbeiten. Dies ist für die Feinformung der Bewegung unbedingt notwendig.
Die sprachlichen Instruktionen sollten den Schüler durch kinästhetische und rhythmisch-akustische Sinneswahrnehmungen führen (Beispiel einer kinästhetischen Bewegungsanweisung: „Versuche, mit den Fusssohlen den Geländeverlauf aufzunehmen."

Erst in späteren Lernphasen gewinnt die Visualisierung immer mehr an Bedeutung. Dabei erzeugt man innere Bilder, die man danach in der Bewegung zu kopieren versucht.
Der Lehrer sollte in seinem Unterricht deshalb stets Übungen zur Visualisierung, Atemübungen und Übungen zur Verbesserung der Koordinationsfähigkeit einbauen, um die Aufmerksamkeit, die Koordination und die Integration beider Gehirn-Hemisphären zu verbessern.

Alle wirklich hervorragenden Snowboarder, haben jenen Endzustand mystischer Athletik erreicht, der durch absolut stimmige Harmonie innen wie außen gekennzeichnet ist. Somit ist auch die perfekte Bewegung im Snowboarden letztlich ein Ausdruck von Ausgeglichenheit und Balance scheinbar gegensätzlicher Elemente wie Frontside und Backside, Yin und Yang. Snowboarden ist eine lebendige, formenreiche, vielfältige Sportart mit Technikvarianten und individuellen Stilarten. Snowboarden sollte deshalb gefühlsmäßig unverkrampft und mit viel Freude erlernt werden. Befriedigung am Snowboarden kann (wie überall) nur von innen kommen. Fehlt die richtige Einstellung, dann wird auch die schönste Pulverschneeabfahrt vom Gipfel ins Tal kein Gefühl des Glücks hervorrufen können. Deshalb ist ganz wichtig, daß Lehrer und Schüler für neue Erfahrungen offen sind, um auch Enttäuschungen weniger Raum zu geben. Das heißt, daß beide vor allem ihre gegenseitigen Erwartungen loslassen sollten. Denn dadurch, daß sich Erwartungen nur selten erfüllen, schränken sie vor allem ein. „Laß geschehen, was geschieht. Das Board, der Schnee und der Hang sind die Verbündeten, die Dir dabei helfen können."
Effiziente Bewegungen kommen aus der Körpermitte. Hier sind die Hauptmuskelstränge mit dem Becken verbunden, und hier entspringt die Bewegung. Die Japaner nennen diese Stelle „hara", die Chinesen reden von „tan tIen", und für die Yogis ist es das „dritte Chakra". Vom biomechanischen Standpunkt aus entspricht diese Stelle in etwa dem Schwerpunkt des Körpers. Wenn man so will, kann die Körpermitte also auch als das Zentrum des Bewußtseins aufgefaßt werden. Snowboarden aus der Mitte bedeutet, zentral über dem Board zu stehen, und fühlen und Handeln als Einheit zu erleben, sich dem Gelände anzupassen. Zentrales Snowboarden ist deshalb Boarden im Gleichgewicht, in Balance, in Harmonie von Bewegung, Gefühl und Gedanken.
In der Mittellage ist der Sportler sowohl entspannt als auch zu allem bereit. Keine Verspannungen blockieren den Energiefluß. Der Atem ist leicht, Hals und Kopf sind locker. Der Oberkörper ist aufrecht, nicht geknickt. Er ist ruhig, aber wird nicht ruhig gehalten. Die Schultern werden locker der Schwerkraft überlassen, nicht etwa bis zu den Ohren hochgezogen. Die Arme bilden einen offenen Bogen, umfassen die Energie, die vom Zentrum ausstrahlt.
Die Knie sind bewegungsbereit und die Füße stecken nicht wie tot in den Snowboardschuhen, sondern sind lebendige, offene Kanäle für den Fluß der Energie, den sie auf das Board weiterleiten. Die Unterseite des Boards, die geschliffene Kante, ist die Kontaktlinie zwischen dem menschlichen Energiefeld und dem Schwerefeld. Es ist die Schnittstelle von außen und innen, von dem Sportler und seiner Umgebung. Zwei Dinge, die eins sind. „Verbünde dich mit ihnen. Nutze sie mit Feingefühl und Respekt. Dann resultiert daraus der Schwung, der sogar im Symbol für Yin/Yang zu finden ist."
Deshalb sind die Übungen und technischen Erklärungen dieses Buches nur als eine Art Skelett zu verstehen, dem der Snowboardlehrer erst mit der dahinterstehenden Philosophie Leben einhauchen kann.

Snowboarding Die Entwicklun

ARDING

iner Sportart und ihrer Lehrpläne

DIE ANFÄNGE

Die Suche nach den Ursprüngen des modernen Snowboardings führt uns **genaugenommen** zu den Surfern und Skateboardern der amerikanischen Westküste. Motiviert durch das Wellenreiten und Skaten im Sommer begannen einzelne Sportler in den 60er Jahren, sich Gedanken über eine Wintersportart zu machen, die ihnen ein ähnlich faszinierendes Bewegungsgefühl bieten würde.

Einer von denen, die auch im Winter nicht auf das besondere „Surf-Gefühl" verzichten wollten, war der Amerikaner Sherman Poppen. Um auch auf „gefrorenen Wellen" surfen zu können, konstruierte er einen „Snurfer" – aus einem Wasserski mit aufgebogener Schaufel, an der eine

Leine zum Lenken befestigt war. Obwohl kaum kontrollierbar, da ohne Bindung und verstärkte Kanten, entwickelte sich der Snurfer zu einem Verkaufsschlager, so daß sogar jährliche Meisterschaften organisiert werden konnten.

An diesen Veranstaltungen nahm auch ein gewisser Jake Burton Carpenter teil, der den Snurfer mit eigenen Konstruktionen ständig verbesserte. Um mehr Halt auf dem Board zu finden, brachte er verstellbare Gummiriemen mit Fußschlaufen an und benutzte später Boards, die aus laminierten Holzschichten hergestellt waren. 1977 entschloß er sich schließlich, in Vermont eine eigene Firma zu gründen und seine Konstruktionen in Serie zu produzieren.

Allerdings war Burton nicht der einzige, der sich mit der Weiterentwicklung des Snurfers beschäftigte. Auch Dimitrij Milovich und Tom Sims beeinflußten mit ihren Konstruktionen die Snowboardentwicklung entscheidend.

Der New Yorker Ingenieur Dimitrij Milovich war der Erfinder des Swallow-Tail (Schwalbenschwanz), dessen V-förmiger Einschnitt im Heck für größeren Auftrieb sorgen sollte. Seine „Wintersticks" waren jedoch aufgrund der aufwendigen Bauweise und des Designs mit 225 Dollar für damalige Verhältnisse schlichtweg zu teuer, so daß die Firma 1984 Konkurs anmelden mußte.

Besser erging es da Tom Sims, dem Skateboardweltmeister von 1977 und begeisterten Snurfer, der seine Popularität ebenfalls als Snowboardproduzent nutzen wollte. Als im Frühjahr 1981 der erste Snowboardwettkampf in Colorado stattfand, gewann Sims das Rennen mit einem Board, dessen Kanten stahlverstärkt waren.

Snowboardbau in Europa

Etwa zur gleichen Zeit begannen auch in Europa die ersten Skateboardfreaks mit Eigenkonstruktionen zu experimentieren. So erschien Anfang der 80er Jahre in Deutschland das legendäre „Swingbow 01" der Brüder Michael und Harald Strunk auf dem Markt. Es bestand aus zwei stark taillierten, kurzen Skiern, die mittels einer Skateboardmechanik verbunden waren. Auf dieser Mechanik wurde eine rutschfeste Standfläche montiert, deren zwei Plastikschlaufen die Bindung bilden. Gesteuert wurde das Swingbow durch Belastung der entsprechenden Seite der Standfläche, was das Aufkanten der Skier und die Einleitung einer Kurve zur Folge hatte. Durch Werbekampagnen unterstützt vom Trickskifahrer Fuzzy Garhammer und durch Präsentationen auf internationalen Sportfachmessen wurde das Swingbow in Europa populär. 1985 erschien der erste Swingbow-Lehrplan.

In den nächsten Jahren entwickelte Fuzzy Garhammer den europäischen „Snow-Surfer" weiter und veranstaltete 1987 die ersten Deutschen Meisterschaften.

Seit Mitte der 80er Jahre erfuhr der Snowboardsport sowohl in Amerika wie auch in Europa einen rasanten Aufschwung. Die ersten Boards mit Stahlkanten, Kunststoffbelägen und High-Back-Schalenbindungen kamen auf den Markt und verdrängten langsam aber sicher die Snurfer. 1983 startete die erste europäische Firma „Hooger Booger" in der Schweiz ihre Snowboardproduktion. 1984 brachte sie die ersten asymmetrischen Boards auf den Markt. Von nun an entwickelte sich das Snowboard mehr und mehr zu einem High-Tech-Produkt: Brettform, Flex, Taillierung und Dickenverläufe werden zum Gegenstand einer rasanten technischen Weiterentwicklung.

BURTON
BURTON SNOWBOARDS
BACKHILL
BACKHILL
BURTON
BURTON
BURTON
PERFORMER
CRUZER 165
BURTON
Pat. Pend.
BURTON

DER DURCHBRUCH

Neben der Entwicklung des Materials führt auch die beginnende Vermarktung der noch jungen Sportart zu einer enormen Popularisierung. In Filmen wie „James Bond – View to a Kill" und „Fire and Ice" wird das ungebundene, risikofreudige Image des Snowboardings einer breiten Öffentlichkeit präsentiert und kurze Zeit später gelingt dem Snowboardsport der Durchbruch.

Die Zahl der „Snöber" nimmt ständig zu, Trainingscamps werden organisiert und immer mehr Wettbewerbe ausgetragen. 1987 finden in Livigno und St. Moritz die ersten Weltmeisterschaften in Europa statt und die International Snowboard Association wird ins Leben gerufen. Sie hat zur Aufgabe, den Snowboardsport international zu organisieren.

DIE SCHULUNG

Mit der Gründung nationaler Snowboardverbände und Snowboardschulen beginnt man sich auch zum ersten Mal Gedanken über die Ausbildung von Snowboardlehrern zu machen. Die ersten Lehrkonzepte entstehen. 1987 gibt der VÖSS (Verband Österreichischer Schneesurfer) eine kleine Broschüre heraus: „Snowboarding-Tips für Anfänger und Fortgeschrittene" und in Deutschland erscheint das Buch „Snowsurfen". In diesem Buch wird zwischen zwei Techniken des Kurvenfahrens unterschieden: dem Frontturn und dem Backturn.

Allerdings gibt es keine international gültigen Richtlinien für die Ausbildung von Snowboardlehrern. Kennzeichnend ist vielmehr, daß die einzelnen nationalen Verbände ihre eigenen Lehrkonzepte entwickelt und formuliert haben.

Im folgenden sollen die Ausbildungsmöglichkeiten zu Snowboardlehrern in den deutschsprachigen Alpenländern Deutschland, Österreich und der Schweiz kurz dargestellt werden (nach WESTERFELD, 1997).

BURTON
PERFORMER

BREAK-A-WAY
5

In Deutschland wurde 1988 der Deutsche Snowboard Dachverband (DSDV) gegründet, der die ersten Snowboardlehrer in Deutschland ausbildete. Seit seiner Auflösung 1995 obliegt diese Aufgabe dem Deutschen Skilehrerverband (DSLV). Die höchste Ausbildungsstufe, die auch die Gründung von Snowboardschulen erlaubt, kann durch die Qualifikation zum Verbandssnowboardlehrer erworben werden. Seit 1993 bildet auch der Deutsche Skiverband (DSV) Snowboardlehrer aus.

In der Schweiz wurde bereits 1986 in Scuol, Graubünden, die erste europäische Snowboardschule gegründet. Erst ein Jahr später entstand der Schweizer Snowboard-Schulverband (SSBS). Er bietet Ausbildungen mit den folgenden Qualifikationen an:

- J+S (Jugend und Sport)-Leiter (ermöglicht den Unterricht in Clubs und allgemeinbildenden Schulen)
- Snowboardinstruktor (Berufssnowboardlehrer)
- Technischer Leiter (kontrolliert die Qualität der Snowboardlehrerschulung)
- Experte SSBS (Prüfungsabnahme in Snowboardschulen)
- Schulleiter (in einigen Kantonen Bedingung für die Eröffnung einer Schule)

In Österreich existieren drei verschiedene Interessenverbände, die Ausbildungen im Bereich Snowboard anbieten.

Der Österreichische Skiverband (ÖSV) bildet in Zusammenarbeit mit den Bundesanstalten für Leibeserziehung (BAFL) Graz, Innsbruck, Linz und Wien staatliche Snowboard-Lehrwarte und -Trainer aus. Die erste österreichweite Lehrwartausbildung für Snowboard wurde im Jahr 1993 an der BAFL in Graz ausgerichtet. Ausbildungsgrundlage war der Lehrplan für den allgemeinen Lehrwart. Die snowboardspezifische Ausbildung stand unter der Leitung von Herrn Ruhdorfer, dem mehrere Lehrbeauftragte zur Seite standen. Heute werden an allen vier Bundesanstalten Lehrwarte- und Trainerausbildungen durchgeführt.

Der Österreichische Snowboard- und Skischulverband (ÖSSV) bietet drei Qualifikationsstufen an, die zum Unterrichten in einer Schischule berechtigen:

a) österreichischer Snowboardlehrer-Anwärter

b) österreichischer Snowboardlehrer

c) österreichischer Diplomsnowboardlehrer

Die erste ÖSSV-Ausbildung zum Snowboardlehrer-Anwärter wurde im Dezember 1987 in Warth am Arlberg angeboten und dauerte zehn Tage. Vierzig Teilnehmer aus Tirol und Vorarlberg ließen sich zum Anwärter ausbilden.

Die Austrian Snowboard Association (ASA, vormals VÖSS) bildet seit 1985 Snowboardlehrer aus, deren Qualifikation zum Teil in der ÖSSV-Ausbildung zum österreichischen Snowboardlehrer-Anwärter anerkannt wird.

Unterrichtslehre

HITSLEHRE
t
mistral

Unter Unterrichtslehre versteht man die Art und Weise, wie man Unterricht – in diesem Fall den Snowboardunterricht – gestaltet. Die Aufgabe des Snowboardlehrers ist es, diesen Unterricht optimal auf die jeweilige Situation und die jeweiligen Schüler abzustimmen.

Neben der Berücksichtigung von methodischen Prinzipien und den Bedingungen des motorischen Lernens, gibt es eine Vielzahl anderer Faktoren, die erheblichen Einfluß auf den Unterricht haben können.

Je motivierter Schüler und Lehrer sind, desto größer ist die Aussicht auf Erfolg. Dabei stellt die innere Einstellung des Lehrers einen besonders wichtigen Motivationsfaktor dar: „In Dir muß brennen, was Du in anderen anzünden willst" (Augustinus).

Außerdem soll jede Einheit, jeder Kurstag und jeder Kurs das Erreichen eines attraktiven Zieles als Höhepunkt haben. Dieses Ziel sollte für den Schüler weder zu leicht noch zu schwer erreichbar sein, damit die Motivation erhalten bleibt. Die Auswahl dieser Ziele sollte von den Wünschen und Vorstellungen der Schüler, aber auch von der realistischen Einschätzung ihrer Möglichkeiten bestimmt sein.

UNTERRICHTSGESTALTUNG

Die UNTERRICHTSGESTALTUNG ist weiterhin von folgenden Faktoren abhängig:

- Gelände
- Schneeverhältnisse
- Witterungsverhältnisse
- Material
- Alter und körperliche Voraussetzungen des Schülers
- Kursdauer
- Gruppengröße
- Ausbildung, Erfahrung und persönlicher Einsatz des Snowboardlehrers

Unter Berücksichtigung dieser Faktoren muß der Snowboardlehrer die Unterrichtsziele festlegen und den Unterricht selbst daraufhin planmäßig gestalten.

Folgende grundsätzliche Fragen sollte er sich deshalb im voraus stellen:

a) Ausgangslage

- Welche physischen und psychischen Voraussetzungen bringen die Schüler mit?
- Welchen Schnee- und Witterungsbedingungen werden sie ausgesetzt sein?

b) Zielsetzung

- Was kann und will ich mit meiner Lerngruppe erreichen?
- Ist diese Zielsetzung den Wünschen und Fähigkeiten der jeweiligen Schülergruppe angepaßt?

c) Übungsauswahl

- Welche Übungen sind geeignet, um die festgelegten Ziele in der vorgegebenen Zeit und unter den herrschenden Bedingungen zu erreichen?

Welche Übungen sind bei den vorherrschenden Schnee- und Witterungsverhältnissen vorzuziehen bzw. zu vermeiden?

d) Geländewahl

Ist das Übungsgelände vom Schwierigkeitsgrad her den Fähigkeiten der Schülergruppe angepaßt? (Gefahr der Überforderung durch zu schwieriges Übungsgelände!)

e) Hilfsmittel

Welche Hilfsmittel werden benötigt, um die ausgewählten Übungen durchführen zu können? (z. B. Torstangen, Fähnchen, künstliche Geländeformen etc.)

Da der Schüler in den meisten Fällen mit einem Minimum an Aufwand (körperlich, zeitlich, finanziell) ein Maximum an Erfolg erwartet, muß der Snowboardlehrer in der Lage sein, den Unterricht vorausschauend und didaktisch sinnvoll zu planen. Dazu kann er sich verschiedener Lehrmethoden, methodischer Übungsreihen und Hillfsmittel bedienen.

Wenn wir von METHODE sprechen, so verstehen wir darunter die verschiedenen Arten des Lehrens und Erlernens von Bewegungen. Dabei unterscheidet man zwischen zwei grundsätzlich unterschiedlichen Ansätzen (vgl. MÜHLFRIEDEL, 1994, 194).

1. Deduktive (darbietende) Methode

Die deduktive Methode ist jene Lehrmethode, bei der das Darbieten der Zielbewegung zu Beginn des Lernprozesses steht und das Erarbeiten dieser Fertigkeit nach dem Plan des Lehrers abläuft. Der Darbietung folgen konkrete Bewegungsanordnungen, -korrekturen und -übungen, durch die sich der betreffende Bewegungsablauf im Repertoire des Schülers festigen soll.

Schüler und Lehrer gehen den Weg des methodischen Aufbaus also gemeinsam Schritt für Schritt bis zum Ziel. Dabei kann der Schüler lediglich die Geschwindigkeit bestimmen, mit der im Unterricht vorgegangen wird. Die Möglichkeit der selbständigen Lösung einer Bewegungsaufgabe bietet sich ihm nach dieser Methode nicht. Für den Lehrer hat sie allerdings den Vorteil, daß er damit Fertigkeiten in relativ kurzer Zeit vermitteln und selbst größere Gruppen relativ homogen schulen kann.

„Der Weg ist das Ziel"

2. Induktive (entwickelnde) Methode

Die induktive Methode ist jene Lehrmethode, die die selbständige Lösung einer Bewegungsaufgabe zu stimulieren versucht. Dem Schüler wird die fertige Bewegungsform demonstriert, worauf er versucht, sich diese Bewegung selbständig zu erarbeiten.

Diese Methode läßt dem Lernenden den größtmöglichen Spielraum, wobei ihm der Lehrer beratend zur Seite steht und nur dort eingreift, wo es unbedingt erforderlich ist. Dem Vorteil des vertieften Lernens durch selbständiges Erfahren steht allerdings der Nachteil gegenüber, daß die Methode bei größeren Gruppen nur schwer angewandt werden kann, da sich der Lehrer nicht im erforderlichen Maß um jeden einzelnen Schüler kümmern kann.

„Das Ziel ist der Weg"

3. Die Struktur methodischer Übungsreihen

Der Österreichische Snowboardlehrplan bedient sich beim Aufbau des Lehrweges für Schwünge der nachfolgend dargestellten methodischen Übungsreihe. Die Übungsreihe ist ein Element des deduktiven Lehrweges und besteht aus drei aufeinander aufbauenden Ebenen (vgl. FETZ, 1988, 152ff).

1. Ebene = Vorbereitende Übungen

Sie stellen die Voraussetzungen für die Vorübungen der zweiten Ebene dar, indem sie die Grundlagen bezüglich Gleichgewicht, Kraft, Beweglichkeit, Kondition etc. schaffen.

2. Ebene = Vorübungen

Diese Übungen bilden den Hauptteil der methodischen Übungsreihe, da sie in stufenförmigem Aufbau zur Beherrschung der Zielbewegung führen. Dementsprechend ist es für den Lehrer wichtig, nicht zu schnell vorzugehen und nur wirklich notwendige Übungen zu machen (weniger ist oft mehr!). Allerdings sollte auch nicht übermäßig lange auf einer Stufe verharrt werden, damit sich Teilmuster nicht unnötig verfestigen.

3. Ebene = Zielübungen

Auf dieser Ebene wird die gerade erworbene Fertigkeit der Zielbewegung gefestigt, indem sie in neuen Situationen und unter veränderten Bedingungen geübt wird.

burton
burton

Methodische Grundsätze

Unabhängig von der vom Lehrer gewählten Methodik gelten auch für den Snowboardunterricht allgemeine methodische Grundsätze, die einen möglichst effizienten Weg zur Erreichung des Ziels ermöglichen sollen.

1. Vom Leichten zum Schwierigen:

Um einen optimalen Lernerfolg zu erreichen, muß jede Bewegung Schritt für Schritt aufgebaut werden. Wann der nächste Schritt erfolgt, wird vom Fortschritt des Schülers unter Berücksichtigung der weiteren Bedingungen bestimmt.

2. Vom Bekannten zum Unbekannten:

Der Schüler sollte stets über eine bereits bekannte Bewegung zu einer neuen, unbekannten Bewegung geführt werden. Jede neue Unterrichtseinheit beginnt daher mit der Wiederholung des bereits Erlernten.

3. Vom Einfachen zum Komplexen:

Ein Übungsaufbau, der mit einfachen Elementen beginnt und sich in Schwierigkeitsgrad und Komplexität langsam steigert, verhindert Überforderung und bietet auch motorisch schwächeren Schülern die Chance, sich komplexe Bewegungsmuster anzueignen.

4. Beidseitiges Üben:

Aufgrund der technischen Voraussetzungen beim Snowboarden ist das beidseitige Üben ein unerläßlicher Grundsatz. Das Hauptaugenmerk wird dabei von Anfang an auf die „schwächere" Seite jedes einzelnen Schülers gelegt. Bei Fortgeschrittenen sollte man deshalb auch die übliche Bindungsposition (Goofy/Regular) ab und zu ändern.

Für den Snowboardunterricht läßt sich deshalb aus den allgemeinen Grundsätzen folgende Vorgehensweise ableiten:

- von Standübungen zu Gleitübungen
- vom Rutschen in der Fallinie zum Zick-Zack-Rutschen
- vom Schwung zum Hang zum Schwung über die Fallinie
- vom Driften zum Carven
- von geringer Geschwindigkeit zu höherem Tempo
- vom flachen zum steilen Hang
- von der griffigen zur eisigen Piste.

MOTORISCHES LERNEN

Motorisches Lernen ist allgemein das Erlernen von Bewegungskoordination und konkret das Erwerben, Verfeinern, Stabilisieren und Anwenden motorischer Fertigkeiten. Es ist eingebettet in die Gesamtentwicklung der menschlichen Persönlichkeit und vollzieht sich in Verbindung mit der Aneignung von Kenntnissen, mit der Entwicklung koordinativer und konditioneller Fähigkeiten sowie mit der Aneignung von Verhaltenseigenschaften (vgl. BAUMANN/REIM, 1994, 163).

Der motorische Lernprozeß

Lernen läßt sich allgemein definieren als Erfahrungszuwachs, der in geändertem Verhalten und Erleben zum Ausdruck kommt. Von motorischem Lernen spricht man, wenn der Erfahrungszuwachs zu neuem Bewegungsverhalten führt. Dieses Verhalten muß relativ stabil und überdauernd sein, schließt also Zufall und Einmaligkeit aus.

Für die Sportpraxis hat es sich als günstig erwiesen, Lernen als mehrstufigen Prozeß anzusehen, wobei die verschiedenen Lernstufen unterschiedliche Strategien des Lehrers erfordern. Die Unterteilung des Prozesses erfolgt im allgemeinen nach den Lernstadien der Grobkoordination, Feinkoordination und variablen Verfügbarkeit einer Bewegung (vgl. BAUMANN/REIM, 1994, 182).

Entwicklung der Grobkoordination

Die erste Lernphase umfaßt den Lernverlauf vom ersten näheren Bekanntwerden mit dem neu zu erlernenden Bewegungsablauf bis zu einem Stadium, in dem der Lernende die Bewegung bei günstigen Bedingungen bereits ausführen kann. Das Ergebnis dieser ersten Lernphase wird als Stadium der Grobkoordination bezeichnet.

Generell ist diese Lernstufe durch den Einsatz zu vieler oder zu großer Muskelmassen gekennzeichnet, was zu der typischen verkrampften Haltung des Anfängers führt. Die Bewegung ist unrhythmisch, abgehackt, und es kommt zu Pausen im Ablauf der Gesamtkoordination. Hat der Lernende das Stadium der Grobkoordination erreicht, kann er unter günstigen Bedingungen

die Bewegung ausführen. Wesentliche Ursachen für Mißlingen der Koordination bei den ersten Übungsversuchen sind:

1 Die unzureichende Aufnahme von Informationen und ihre zu lange Verarbeitungszeit, weil anfangs noch nicht über den (schnellen) kinästhetischen Analysator informiert wird.

2 Das anfangs oft noch falsche Zuordnen von Programmteilen.

3 Angst vor dem Unbekannten.

Im Stadium der Grobkoordination wird der Bewegungsablauf noch in starkem Maße über den äußeren Regelkreis gesteuert, der innere übernimmt erst im weiteren Lernverlauf die Führung. Aus diesen Erkenntnissen lassen sich Folgerungen für den Lehrer ableiten:

- Für den Anfänger sind günstige Bedingungen zu schaffen (gute Ausrüstung, plane Piste mit leichtem Gefälle u. a.).

- Die konkrete Aufgabenstellung muß präzise und verständlich sein. Sie erfolgt verbal und durch Demonstration, wobei die individuellen Voraussetzungen des Schülers zu berücksichtigen sind.

- Der Lernende muß, wenn er die Aufgabe verstanden hat, sofort zum Üben des Bewegungsablaufs geführt werden.

- Der Schüler sollte schon nach wenigen Versuchen in der Lage sein, die Bewegung zumindest in ihrer Grobform auszuführen.

- Hinweise, Korrekturen und Demonstrationen müssen so gegeben werden, daß sie der Lernende auf sein eigenes Bewegungsempfinden und seine unvollkommene Bewegungsvorstellung beziehen kann. Für das Hoch- und Tiefbewegen aus den Beinen könnte man beispielsweise Bilder heranziehen wie „groß wie Riesen und klein wie Zwerge" oder für sehr komplexe Bewegungsabläufe versucht man Vergleiche aus der Tierwelt oder einer bekannten Sportart herzustellen – „wir bewegen uns wie eine Raupe" oder „wir pendeln mit dem Körper wie auf einer Schaukel" (vgl. BAUMANN/REIM, 1994, 183).

Entwicklung der Feinkoordination

Die zweite Lernphase umfaßt den Lernverlauf vom Stadium der Grobkoordination bis zu einem Stadium, in dem der Lernende die Bewegung annähernd fehlerfrei ausführen kann. Das Ergebnis der zweiten Lernphase wird als Stadium der Feinkoordination bezeichnet.

Diese Stufe ist gekennzeichnet durch den zweckmäßigen Einsatz der am Bewegungsablauf beteiligten Muskeln. Die Bewegungen werden durch einen situationsangepaßten Wechsel von Spannung und Entspannung sicherer. Gleichgewichtsprobleme treten immer seltener auf, was man vor allem an den weniger rudernden Armbewegungen erkennen kann. Schwünge werden

immer fließender, ihr Radius ist den Gegebenheiten der Piste angepaßt.

Das Erscheinungsbild einer feinkoordinierten Bewegung erklärt sich aus der Vervollkommnung der Prozesse der Bewegungskoordination. Die Erweiterung und Präzisierung der Informationsaufnahme und -verarbeitung erfolgt unmittelbar über die Sinne und über die Sprache. Die zunehmende funktionelle Wirksamkeit des kinästhetischen Analysators präzisiert die Bewegungskoordination. Informationen können bewußter erfaßt und verbalisiert werden, wodurch eine gezieltere Schulung durch den Lehrer möglich wird.

Vom Lehrer erfordert die Ausbildung der Feinkoordination eine zielgerechte Lenkung der Aufmerksamkeit auf Einzelheiten des Bewegungsvollzuges. Dabei ist die Sprache für den Lehrer das wichtigste Führungsinstrument. Sie muß so eingesetzt werden, daß der Lernende die verbale Information mit seinen Detailempfindungen und -vorstellungen von der Bewegung in Verbindung bringen kann. Was den Prozeß des Lernens generell angeht, so sollte sich der Lehrer stets bewußt sein, daß Lernfortschritt selten kontinuierlich verläuft, sondern daß es zu zeitweiliger Stagnation bzw. zu sprunghaften Fortschritten kommen kann (vgl. BAUMANN/REIM, 1994, 183f).

Entwicklung der variablen Verfügbarkeit

Die dritte Lernphase umfaßt den Lernverlauf von der Feinkoordination bis zu einem Stadium, in dem der Lernende die Bewegung auch unter schwierigen, ungewohnten Bedingungen sicher ausführen und jederzeit erfolgreich anwenden kann. Das Ergebnis dieser Lernphase – und zugleich des gesamten Lernprozesses – wird als Stadium der variablen Verfügbarkeit oder Automatisation bezeichnet.

In dieser Phase sind der optimale Einsatz der Muskulatur und die zielgerichtete Anspannung und Entspannung auch unter schwierigen Bedingungen am wichtigsten. Das Gleichgewicht kann in jeder Situation problemlos gehalten bzw. schnell wiedererlangt werden. Körperliche Ermüdung hat nur geringen Einfluß auf die Qualität der Bewegung. Das Erscheinungsbild der Bewegung unterscheidet sich allerdings kaum von dem in der zweiten Phase.

Die zugrundeliegende Vervollkommnung der sensomotorischen Steuerung führt zur rechtzeitigen Signalisation und Antizipation von veränderten Bedingungen. Im Trainingsprozeß steht nun die Perfektionierung der Bewegungskoordination durch Anpassung an veränderte oder wechselnde Bedingungen (Pistenbedingungen, Schneebedingungen etc.) im Vordergrund.

Für die Fehlerkorrektur muß der Lehrer über ein umfangreiches technisches Wissen und pädagogische Erfahrung (in Fehleranalyse, dem Erfassen von Situationen etc.) verfügen. Denn obwohl die Fähigkeit des Schülers zur Selbstbeobachtung und Selbstkorrektur gewachsen ist, sind präzise Informationen über die Bewegungsausführung von seiten des Lehrers weiterhin unerläßlich für den Schüler. Trotz der hohen Qualität der Bewegung sollte nicht vergessen werden, daß der Lernprozeß nie abgeschlossen und ständiges Üben erforderlich ist, um das erreichte Niveau zu halten (vgl. BAUMANN/REIM, 1994, 184).

METHODISCHE HILFSMITTEL

Um einen optimalen Lernerfolg zu erzielen, müssen Faktoren wie methodischer Aufbau, Motivation oder attraktive Zielsetzung vom Snowboardlehrer berücksichtigt werden. Ein motivierend arbeitender Lehrer wird also die Schüler möglichst in die Unterrichtsgestaltung einbeziehen und möglichst viele spielerische Übungsformen wählen. Zur Übungsgestaltung stehen ihm verschiedene Hilfsmittel zu Verfügung, deren geschickter Einsatz die Voraussetzung für das Gelingen einer Übung ist (zu den folgenden Punkten vgl. FETZ, 1988, 112–143).

1. Verbale Hilfsmittel

Die Sprache spielt beim Unterrichten eine wesentliche Rolle. Der Snowboardlehrer sollte ruhig und dabei deutlich und verständlich sprechen. Das Wichtigste muß besonders einfach erklärt werden. Die Sprache sollte vor allem bildhaft sein, um beide Gehirnhälften optimal zu aktivieren. Denn eine klare und bildhafte Erklärung ist die Voraussetzung dafür, daß sich beim Schüler eine eindeutige Bewegungsvorstellung ausbildet. Die wichtigsten Fachausdrücke fließen erst nach und nach in den Unterricht ein.

- Bewegungsbeschreibung (Wie läuft es ab?)
- Bewegungserklärung (Warum muß ich es tun?)
- Bewegungskorrektur (Sehr wichtig für den Lernprozeß!)

Die Korrektur muß kurz und präzise ausfallen, nur den Hauptfehler betreffen und immer mit Lob verbunden sein. Ständige Korrektur ist zu vermeiden. Dem Schüler sollte auch die Möglichkeit gegeben werden, sich selbst zu korrigieren oder einmal mit seinem Fehler allein zu sein.

Voraussetzung für eine gute und richtige Korrektur ist das Erkennen von Fehlern und das Wissen über den Weg des Bewegungslernens beim Schüler (Grobform, Feinform), die Stabilisierung und das variable Verfügen über das Erlernte.

Wie und wann soll korrigiert werden?

- Sachliche Information
- Möglichst häufig positive Verstärkung („Das war gut!")
- Unmittelbar nach der Ausführung
- Nur wesentliche Fehler korrigieren
- Immer mit Lob beginnen, dann Korrektur ohne „aber ..."

Korrekturarten

- Sofortkorrektur (unmittelbar nach dem Bewegungsablauf)
- Synchronkorrektur (während des Bewegungsablaufs)
- Spätkorrektur (z.B. abends bei der Videoanalyse, Umsetzung erfolgt am nächsten Tag)
- Bewegungsaufgabe (kann frei oder gebunden sein)
- Bewegungsanweisung, Bewegungsvorschrift (z. B.: „Fahre mit den Händen auf dem Rücken.")

2. Optische Hilfsmittel

Zu diesen zählen alle visuellen Informationsangebote. Das Vorzeigen spricht die optische Wahrnehmung an und mit Interesse wahrgenommene (auch intensiv vorgestellte) Bewegungen werden von uns nerval mitvollzogen und damit geübt „Carpenter Effekt".

Wichtige Formen des Vorzeigens sind:

- Vormachen durch den Lehrer
- Vormachen durch den Schüler

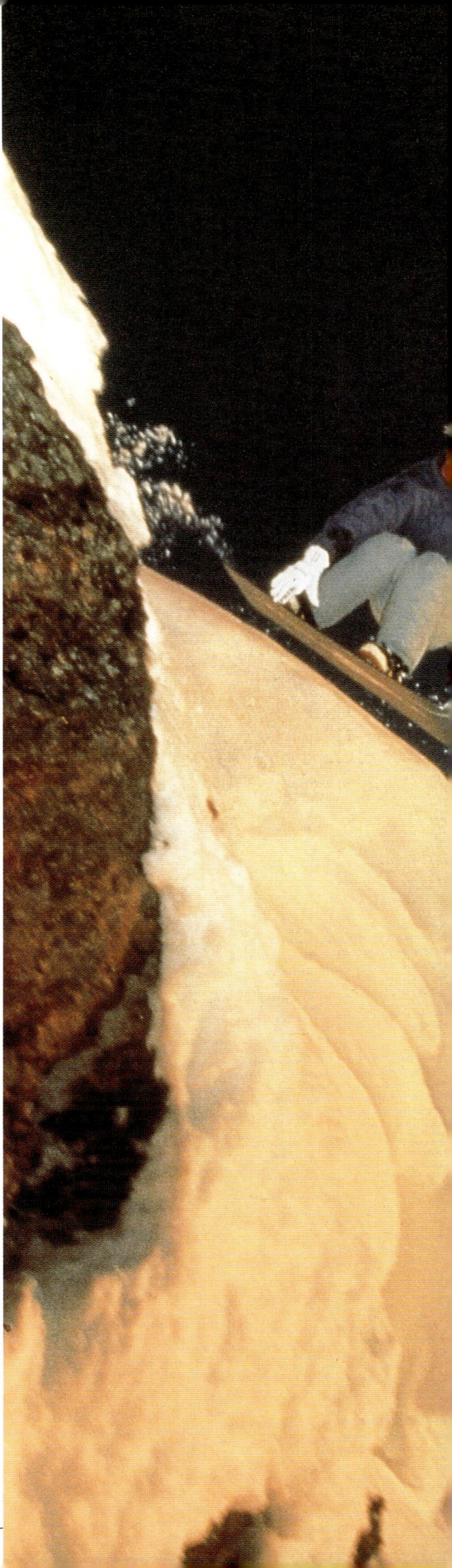

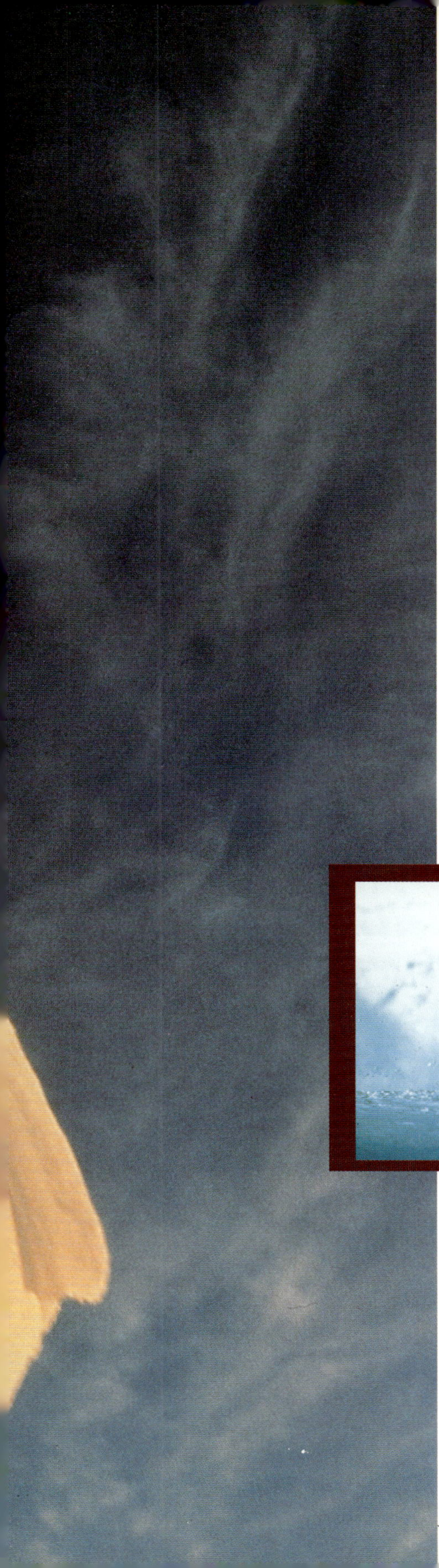

- Film, Videoaufzeichnung
- Dia, Bildreihe
- Zeichnungen

Die optischen Hilfsmittel sollten sich nach dem Stand des heutigen Wissens auf die wesentlichen Phasen von Bewegungsabläufen beziehen, den Bewegungsablauf zeigen, wie er sein soll (und nicht umgekehrt), möglichst mit sprachlichen Erläuterungen angeboten werden, analysierende Begleitung, bezüglich Ausführungsweise den Schülern angepaßt sein, nicht nur einmal, sondern in Wiederholungen bzw. zu längerem Betrachten angeboten werden.

3. Rhythmisch-akustische Hilfsmittel

In der Gruppe ist es leichter, Rhythmen zu erlernen. Wir alle wissen, daß Schwünge aneinanderreihen meist freudbetonter und ertragreicher ist als Üben von Einzelabläufen. Voraussetzung dafür ist das Beherrschen des Schwunges in seiner Grobform. Weitere Möglichkeiten zur akustischen Bewegungsbegleitung sind zählen, rhythmisierende Silben („und hopp") sowie Musik.

4. Psychische und materielle Hilfsmittel

Neben dem Lob, das eines der wichtigsten Instrumente im Unterricht ist, werden auch der aktiven Hilfe (z.B. beim Rutschen „an den Händen halten") sehr große Bedeutung beigemessen. Nicht zu unterschätzen sind die materiellen Hilfsmittel, wie Geländehilfe und Geräte, die den Lernfortschritt wesentlich beeinflussen.

ORGANISATIONSFORMEN

Unter Berücksichtigung der bisher dargestellten methodischen Gesichtspunkte ergibt sich nun eine Vielzahl möglicher Organisationsformen im Unterricht, für die sich ein Snowboardlehrer entscheiden kann (FETZ, 1988, 240 – 253).

- Frontalunterricht mit Einzelübung (Einzel- bzw. Gruppenkorrektur)
- Frontalunterricht mit der Möglichkeit, daß mehrere Schüler gleichzeitig üben (Einzel- bzw. Gruppenkorrektur).
- Der Lehrer fährt mit der gesamten Gruppe und stellt jeden Schüler Aufgaben, die dieser selbständig lösen soll (induktive Lehrmethode).
- Umlaufbetrieb (Einzelkorrektur): Alle Schüler kommen immer wieder während oder nach ihrer Abfahrt beim Snowboardlehrer vorbei.
- Ein Teil der Gruppe übt selbständig, und der Lehrer kümmert sich intensiv um wenige oder nur einen Schüler.
- Der Snowboardlehrer läßt unter selbständiger Kontrolle paarweise üben, indem er vorher die Kriterien für die richtige Bewegungsausführung vermittelt hat.
- Die Gruppe fährt, ohne korrigiert zu werden, längere Zeit hinter dem Lehrer her.
- Der Snowboardlehrer wählt bzw. erstellt Bedingungen, die eine situative Rückkopplung ermöglichen. Der Lehrer ist hier nur Organisator.

PRAKTISCHE TIPS FÜRS ÜBEN

- Aufwärmen
- Mehr fahren als reden
- Rhythmisches Üben
- Üben in der richtigen Bewegungszeit – keine Zeitlupe
- Beidseitiges Üben
- Rechtzeitiger Übungswechsel
- Wiederholen nicht vergessen
- Freies Üben in der Gruppe
- Übungsstunde positiv abschließen – Wettkampf, Spiel oder schöne Abfahrt, die leicht gemeistert werden kann
- Abwechslungsreich unterrichten
- Lernschritte begründen
- Den Lernschritt weder zu klein noch zu groß wählen

Bewegungslehre

GSLEHRE
burton

Allgemeine Bewegungslehre

Eine Bewegungshandlung ist dadurch gekennzeichnet, daß sie zielgerichtet ist und daß motorische, kognitive und emotional/affektive Faktoren eine entscheidende Rolle spielen. Wie komplex das Zusammenspiel dieser Faktoren jedoch abläuft, wenn es um ein konkretes Handlungsgeschehen in der Praxis geht, soll folgendes Beispiel aufzeigen.

„Ein reizvoller Pulverschneehang weckt in einem Snowboarder das Bedürfnis, diesen zu befahren. Er ist durch die Einschätzung seiner Fähigkeiten entsprechend motiviert und freut sich auf das Erlebnis der bevorstehenden Abfahrt. Er nimmt die situativen Gegebenheiten (Schnee- und Geländeverhältnisse) visuell auf und überlegt sich die Linie, die er zu fahren beabsichtigt. Dabei bezieht er verschiedene Möglichkeiten in seine Überlegungen ein. Die Einschätzung des eigenen Fahrkönnens ist bei der Handlungsplanung und für die Entscheidung der Handlungsausführung (Wahl der Linie, Kurzschwingen oder weitgezogene Schwünge, Wahl der Technik, wie z.B. Schwünge mit Hochentlasten oder Tiefentlasten) bestimmend.

Während der Abfahrt muß er seine Aufmerksamkeit auch auf seine Umgebung richten. Der Snowboarder nimmt während der Ausführung der Bewegungshandlung fortlaufend Informationen auf, die er von der Umwelt über verschiedene Sinnesorgane erhält. Er verarbeitet Informationen über Geländebeschaffenheit, Schnee- und Sichtverhältnisse, um sie zur Steuerung seiner Bewegungshandlungen verwerten zu können (stärkerer Kanteneinsatz bei Eisstellen, Verminderung der Geschwindigkeit bei schlechter Sicht). Dazu kommt die Aufmerksamkeit auf innere Informationen, die von den Muskelspindeln, Gelenkrezeptoren und Druckrezeptoren der Haut übermittelt werden, z. B. auftretende Ermüdungserscheinungen, Schmerzen durch übermäßige Belastung von Gelenken, die ebenso die Ausführung der Bewegungshandlung beeinflussen können.

Nach Abschluß der Fahrt wird der Handlungsverlauf in bezug auf das Erreichen des Handlungszieles kognitiv bewertet. Dies betrifft

die Effektivität der gewählten Schwungformen sowie die Qualität der Bewegungsausführung (z. B. durch Betrachten der hinterlassenen Spur im Tiefschnee). Im Zusammenhang damit kommt es zu einer emotionalen Bewertung der Fahrt, die sich in Zufriedenheit oder Unzufriedenheit äußert." (BAUMANN/REIM, 1994, 60; Anmerkung: Baumann verwendet in seinem Orginaltext einen Skifahrer als Beispiel, hier ersetzt durch Snowboarder, d. Verf.)

Dieses Beispiel zeigt, daß bestimmte Fähigkeiten und Fertigkeiten beim Snowboarden die Voraussetzung für die Ausführung einer Bewegungshandlung sind.

Dazu zählen: sich an äußeren Gegebenheiten zu orientieren, Informationen differenziert nach ihrer Bedeutung für die beabsichtigte Bewegungshandlungen zu verarbeiten, situationsangepaßt zu reagieren, den Bewegungsrhythmus an äußere Gegebenheiten anzupassen und Technikformen (z.B. Kurzschwingen, Schwingen mit Hochentlasten) richtig einzusetzen. Daneben sind aber auch Persönlichkeitseigenschaften wie Mut, Entschlußkraft, Begeisterungsfähigkeit gefordert.

Neben dem vorgestellten Handlungsverlauf gibt es noch Variationen, bei denen einzelne Abschnitte verkürzt oder kaum mehr erkennbar sind. Zum Beispiel sog. Spontanhandlungen, bei denen die bewußte gedankliche Auseinandersetzung mit der Umgebung keine Bedeutung hat – z. B. sich aus einer Sturzsituation zu retten .

Die Bewegungslehre versucht nun die bestimmenden Faktoren einer Bewegungshandlung zu isolieren, zu beschreiben und zu systematisieren.

Für den Snowboardlehrer ist dabei vor allem interessant, wie eine neue Bewegung erlernt wird und welche vorrangigen Bewegungsabläufe beim Snowboarden eine Rolle spielen. Dies ist vor allem das Schwingen mit seinen Elementen Gleichgewicht, Drehung und Steuern des Boards.

Das Erlernen einer neuen Bewegung beginnt mit dem Erlernen einer neuen Körperstellung. Unter Stellung wird hier die unbewegte Lage eines Körperteiles verstanden, die mit Hilfe der Muskelarbeit aufrechterhalten wird. Gleichgewicht (Balance) bedeutet das Beibehalten einer bestimmten Körperstellung. Durch Bewegung wird das Gleichgewicht gestört und der Körper in eine neue Körperposition gebracht. Der Sportler ist also stets gefordert, sein Gleichgewicht zu finden und zu halten. Bevor ein neuer Bewegungsablauf erlernt werden kann, muß die neue Stellung des Körpers bzw. der Beine und Arme beherrscht werden. Es ist also besonders wichtig, daß der Snowboardlehrer dem Schüler ein klares Bild des neuen Bewegungsablaufes vermittelt. Dieses Bild kann durch Vormachen (Demonstration), Vorzeigen (Schaubild, Dia oder Video) oder über eine klare, kurze Bewegungsbeschreibung (bildhafte Sprache, Vergleiche und Ausdrücke bekannter Sportarten) dem Schüler ersichtlich gemacht werden (AHONEN/et al., 1994, 50f).

Diese visuellen Eindrücke sind sensorische Informationen, die an das Gehirn weitergeleitet werden und dort verarbeitet werden müssen. Dabei haben rechte und linke Gehirnhälfte unterschiedliche Aufgaben. In der rechten („intuitiven") Gehirnhälfte werden ganzheitliche Bewegungsbilder gespeichert, aus denen ein Regelsystem für die Bewegungen des ganzen

Körpers erarbeitet wird. In der linken („analytischen") Gehirnhälfte hingegen wird sensorische Information in Worte und analytisches Denken umgewandelt. Dort werden die Bewegungen einzeln gespeichert und gleichzeitig motorische Pläne entwickelt. Nur wenn beide Hemisphären optimal zusammenarbeiten funktioniert der Lernprozeß einwandfrei. Darum ist es fundamental wichtig, daß der Schüler ein klares Bild vom gesamten Bewegungsablauf hat (rechte Gehirnhälfte) und dieser komplexe Ablauf für ihn vom Lehrer in Einzelschritte zerlegt wird, die in der analytischen Gehirnhälfte gespeichert werden können.

Vor allem Kinder lernen ganzheitlich mit der rechten Gehirnhälfte, wenn nicht Eltern oder Snowboardlehrer mit falschen verbalen Anweisungen die Beteiligung der linken Gehirnhälfte zu früh erzwingen. Deshalb soll man Kinder mit einem vielseitigen spielerischen Angebot und über die richtige Geländewahl zur Beherrschung der Grundtechnik führen. Bewegungen werden dabei erfahren und erlebt und nicht nur kognitiv nachvollzogen.

Die analysierende linke Gehirnhälfte ist nicht imstande, alle mit dem Snowboarden zusammenhängenden Daten schnell genug zu verarbeiten. Die rechte Gehirnhälfte entwirft und veranlaßt die erforderlichen Bewegungen mit Hilfe „innerer Bilder", weshalb ihre Aktivität schon in einem frühen Stadium gefördert werden sollte.

Kommen wir nun zu den elementaren Bewegungsmustern, die ein Snowboarder beherrschen muß (AHONEN/et al., 1994, 272f):

Beim Üben werden die erforderlichen Bewegungen in den motorischen Zentren des Kleinhirns erlernt, was in der rechten Gehirnhälfte im Gesamtbild der Bewegung synthetisiert wird. Die bildhaften Eindrücke werden durch das Üben zunehmend durch kinästhetische Empfindungen ergänzt bzw. überlagert, so daß dann die vorgestellte Bewegung vor dem geistigen Auge nicht wie in einem Film abläuft, sondern vielmehr empfunden oder durchlebt wird. Übt man während der Bewegungsausführung ständig Kritik am Schüler, kann sich das innere Bild der Bewegung nicht optimal verwirklichen, weil er dann immer wieder gezwungen wird, von der rechten Gehirnhälfte in die analytische „überzuwechseln".

Dies ist aber in der Phase des tatsächlichen Übens nicht mehr sinnvoll, da sich jetzt der ganzheitliche Prozeß einschleifen muß, für den die rechte Hemisphäre zuständig ist.

Beim Schwingen ist er nicht nur gezwungen, immer wieder das Gleichgewicht zu finden und zu erhalten, er muß gleichzeitig auch das Board entlasten, andrehen und zum Hang steuern können. Diese vier Faktoren beeinflussen einander gegenseitig. Für den Lernenden ist das Gleichgewicht am wichtigsten. Besseres Gleichgewicht erlaubt höheres Tempo. Höhere Geschwindigkeit erleichtert das Andrehen, erschwert aber das Steuern des Boards aus der Fallinie zum Hang, denn der Druck auf den Körper (infolge größerer innerer und äußerer Kräfte) nimmt dabei zu.

Sobald man das Board bewegt, verändert sich die Stellung der Körperteile zueinander. Das Gleichgewicht wird gestört, es muß wiedererlangt werden.

Beim Gleiten in der Fallinie kommt es zu einer Vor- bzw. Rücklage des Fahrers, weil durch das Gesetz der Trägheit zuerst das Board und dann der Fahrer in Bewegung geraten oder gebremst werden. Die Beschleunigung kann der Fahrer abfangen, indem er die Sprung-, Knie- und Hüftgelenke vorher beugt und dann streckt. Das Verlangsamen fängt er ab, wenn er Sprung-, Knie- und Hüftgelenke zuerst streckt und diese dann beugt, indem er die Kräfte abfängt.

Auch beim Schwingen werden Board und Fahrer beim Andrehen in die Fallinie beschleunigt, beim Steuern zum Hang jedoch gebremst. Deshalb empfiehlt man dem Anfänger, den Körperschwerpunkt nach vorne zu verlagern. Während bei Anfängern dadurch noch eine tatsächliche „Vorlage" zu „erkennen" ist, spricht man beim Fortgeschrittenen vom Pendeln aus der steuerbedingten Rücklage in die Mittellage beim Andrehen in die Fallinie. Weiterhin wirken beim Schwingen hohe Kräfte auf den Körper. Diese Kräfte ergeben sich durch Fliehkraft, Reibung, Stöße und bei hoher Geschwindigkeit auch durch Luftwiderstand.

Um im Gleichgewicht zu bleiben, muß der Fahrer auf dem Board eine sichtbare Rücklage einnehmen. Dies ist aber nur optisch der Fall, da er vom Gefühl her – welches sich aus dem Spiel der Kräfte ergibt – im dynamischen Gleichgewicht fährt. Beim Schwingen wirken die Kräfte nicht nur vor- und rückwärts, sondern auch aus- und einwärts. So drückt beispielsweise die Fliehkraft den Körper schwungauswärts; Boardkontaktpunkt (Kanteneinsatz) und damit Schneewiderstand und Reibung halten den Fahrer im Gleichgewicht.

Der optischen Rücklage entspricht auch eine optische Innenlage. Dem dynamischen Gleichgewicht vor-/rückwärts (= dynamische Mittellage) entspricht auch ein solches im Sinne von innen und außen (Kurvenlage). Diese „Kurvenlage" ist das dynamische Gleichgewicht im Schwung. Die

Resultierende (Fres) aus Fliehkraft (Fz), Gewichtskraft (Fg) und Trägheitskraft (Ft) muß immer durch die Unterstützungsfläche des Snowboards gehen (vgl. Renntechnik). Je höher das Tempo, desto deutlicher ist diese „Kurvenlage". Dabei kann man den Rumpf talwärts neigen, wobei die Hüfte und Beine diese Bewegung ausgleichen (Körperknick).

Die Körperposition muß ständig und bei höherem Tempo auch schnell angepaßt werden. Dazu muß der Fahrer mit Hilfe des kinästhetischen Analysators spüren, daß und wie sich das Gleichgewicht verändert. Gutes Gespür hat der Snowboarder aber nur, wenn er möglichst „unverdreht" auf dem Board steht. Der „verdrehte" oder „verwundene" Körper ist in den Gelenken fixiert und spürt weniger. Deshalb soll man extreme Drehbewegungen der Beine gegen den Rumpf oder umgekehrt vermeiden. Starkes Verwinden und starkes Verdrehen schaden dem Gefühl für das Gleiten und Balancieren.

Das ist auch der Grund, weshalb man bei geringem Tempo mit dem Körpergewicht dreht (Belastungswechsel). Fährt man schneller, nützt man dagegen die dabei entstehenden äußeren Kräfte (Druckwechsel). In der Grundschule ist deshalb der Belastungswechsel Auslöser der Drehung und erst mit zunehmendem Können der Druckwechsel. Dieser kann seitlich, vertikal, vor-/rückwärts oder diagonal über das Board wirken. Wird der Belastungswechsel zu betont ausgeführt, wirkt er zwar stark drehend, stört aber auch das Gleichgewicht beträchtlich. Deshalb sind dem Belastungswechsel vom Gleichgewicht her Grenzen gesetzt.

Damit der Belastungswechsel nicht zu ausladend sein muß, braucht jeder Schwung „sein Tempo". Dieses Tempo entwickelt äußere Kräfte, die den zum Drehen aber auch zum Steuern notwendigen Druck liefern. Fährt man zu schnell, stören die Balancierbewegungen das Drehen. Deshalb ist beim Lernen – und auch später beim Fahren – das richtige Tempo wichtig.

Genügt das Gleichgewicht des Schülers noch nicht für das Optimaltempo, ist ein flacherer Hang zu wählen. Beim Schwingen über Buckel ist es besonders schwierig, das Gleichgewicht zu halten: Die Boardspitze schiebt nach oben und kippt nach unten, der Fahrer muß den Rumpf dabei relativ ruhig führen und Vor-, besonders aber Rücklage mit den Beinen abfangen. So ist er gezwungen sich bei jedem Schwingen aus der optischen Rücklage in die Mittellage bzw. Vorlage vorzuarbeiten. Die äußeren Kräfte helfen zwar dabei, aber dieses Pendeln braucht viel Kraft.

Über das Gleichgewicht entscheidet auch der Winkel, in dem sich das Board zur Fortbewegungsrichtung bewegt. Seitlich werden Stöße nur wenig gedämpft. Rutschen und geringes Tempo hängen also zusammen. Fährt man schneller, dreht das Board dosiert auf der Kante. Die Kräfte wirken mehr von vorne auf das Board und den Fahrer. Das Board dämpft die Stöße, der Fahrer kann diese auf der Boardlänge durch Beugen und Strecken abfangen, er hat somit mehr Gleichgewichtsreserven. Es ist normalerweise viel leichter, das Board in Längsrichtung gleitend als querrutschend zu führen.

Steigert man dosiert und systematisch das Fahrtempo, geht der Schüler fast automatisch vom Rutschen zum Carven. Deshalb ist das Optimaltempo so wichtig. Den richtigen Zeitpunkt dafür zu erspüren, ist eines der wichtigsten Ziele in der Ausbildung zum Snowboardlehrer.

Durch Balancieren hält man die Körperteile im Gleichgewicht. Bewegt sich ein Teil der Körpermasse in eine Richtung, muß sich ein anderer Körperteil in die Gegenrichtung bewegen. Geht der Fahrer beispielsweise mit dem Rumpf zurück, fährt er mehr „von hinten heraus", Anfänger und Könner gleichen das aus, indem sie die Arme nach vorne strecken. Man nennt dies Massenausgleich (HOPPICHLER, 1993, 27).

Beim Schwingen dreht man das Board aus dem stärksten Steuerdruck an und steuert es dann zum Hang. Man dreht das Board aktiv an. Die Hauptdreharbeit leisten die Beine, auch wenn diese durch den Belastungswechsel sehr stark unterstützt werden. Seitliches Pendeln wirkt stark drehend. Auch das Hochentlasten erleichtert das Drehen. Über Buckel, im Tiefschnee und beim Kurzschwingen bleibt der Rumpf dabei relativ ruhig.

Bereits im Schwungansatz wird das Board angedreht. Fällt dies leicht, so dreht man das Board lediglich mit den Beinen an. Ist der Drehwiderstand größer, dreht man es auch mit der Hüfte, bei sehr großem Widerstand jedoch mit dem ganzen Körper an. Für ein besonders schnelles Andrehen, bleibt dem Fahrer nur die Zeit, seine Beine zu drehen. Dreht man mit der Hüfte oder gar dem Rumpf an, braucht man mehr Zeit, kann daher also nur langgezogener schwingen, dreht aber kraftvoller. Das Ausmaß des Andrehens hängt also vom Radius der Schwünge und von der Zeit ab, die zur Verfügung steht, um das Board anzudrehen..

Die Art des Andrehens hängt aber auch vom Tempo ab. Ist ein Schüler mutig genug, um schnell zu fahren, so verringern sich die Drehprobleme. Will man als Rennläufer oder guter Fahrer beim Schwingen gut gleiten, soll man das Board möglichst gleichmäßig belasten. Man dreht das Board mit Schneekontakt, kantet es möglichst wenig auf und dreht es rund an, um das Board zum Steuern kurz zu belasten. Dazu muß man es beim Andrehen entlasten.

Solange das Board zum Drehen sprunghaft entlastet wird, genügt das Beinspiel. Je mehr rundes Andrehen und gutes Gleiten beim Schwingen wichtiger werden, desto mehr dreht man auch mit der Hüfte an (vgl. Renntechnik).

Der Anfänger verkrampft sich jedoch beim Schwingen. Dadurch hat er wenig Gefühl und dreht den ganzen Körper als Block. Ist das Gerät sehr drehfreudig, weil es kurz, sehr stark tailliert oder extrem elastisch oder breit ist, stellt das Drehen kaum noch ein Problem dar, nur das Steuern erweist sich als schwieriger.

Steuern heißt, das Board in die Fallinie hinein und aus dieser heraus führen. Das Andrehen geht ins Steuern über, wenn die Kante zu greifen beginnt. Je langsamer man fährt, desto später ist dies der Fall.

Zu Beginn des Steuerns wirkt noch ein geringer Druck auf den Körper. Mit zunehmendem Querstellen und Tiefbelasten nach dem Hochentlasten greift das Board stärker, der Körper wird durch Schwer- und Fliehkraft gegen das Board gedrückt. Es wird also Druck aufgebaut – einmal durch das Tiefgehen des Körpers nach dem Hochentlasten, dann wieder durch das Querstel-

len und Kanten. Aber auch durch das streckende Drehen der Beine erhöht sich dieser Druck. Der Steuerdruck ist je nach Tempo und Radius verschieden. Je stärker die optische Rücklage, desto mehr balanciert der Fahrer mit den Händen vor dem Körper.

Beim Schneiden wirken die äußeren Kräfte direkt auf den Körper, während sie beim Rutschen teilweise seitlich verpuffen.

Den Steuerdruck gleicht man am leichtesten mit beiden Beinen aus. Wird die Kurvenlage zu stark, verringert sich der Kantendruck bis zum Wegrutschen des Boards. Das Balancieren der Arme beim Steuern ist Anzeiger für die Art der Belastung. Führt der Fahrer die Außenhand tief, dann fährt er mit Körperknick, führt er die Außenhand hoch, deutet dies auf eine zu starke Kurvenlage und fehlenden Körperknick hin, was sich in einem Druckverlust auf der Kante äußert. Die Folge ist ein Wegrutschen des Boards.

Das Steuern muß immer wieder geschult werden. Besonders Kompaktschnee erfordert sicheres Steuern. Dosierter Steuerdruck ist die Voraussetzung für das situationsangepaßte Schwingen. Das Gleichgewicht, Andrehen und Steuern bildet eine funktionelle Einheit. Ihr variantenreiches Zusammenspiel ist der besondere Reize des Snowboardfahrens, weil es das „megageile Carving-Gefühl erzeugt" (O-Ton eines Snowboard-Schülers!)

Ein Snowboardfahrer muß, wenn er sich auf dem Board fortbewegen will: über koordinative Fähigkeiten wie Reaktions-, Anpassungs-, Steuerungs-, Orientierungs-, Koppelungs-, Rhythmisierungs-, Gleichgewichtsgefühl u. a. verfügen

- Das Gleichgewicht auf dem Board halten und sich gleichzeitig im Raum orientieren.
- Seine Bewegungsabläufe äußeren und inneren Rhythmen anpassen und spontan auf neue Situationen in der Umgebung reagieren.
- Teilbewegungen kombinieren und die Gesamtbewegung ausführen.
- Sich an die wechselnden Verhältnisse von Schnee und Gelände anpassen.
- Die notwendigen Informationen für das Zustandekommen einer koordinativen Bewegung liefern verschiedene Sinnesorgane die den äußeren und inneren Regelkreis bilden (vgl. HOTZ/et al., 1983, 61ff)

Der äußere Regelkreis besteht aus:

Optischem Analysator

Die mit dem Auge aufgenommenen optischen Signale liefern Informationen über die Umgebung, was oft eine Stellungsänderung des Körpers einleitet.

Fährt ein Snowboarder zum Beispiel in eine Mulde, leitet der optische Analysator die Information „Mulde" an das Gehirn weiter. Dieser Reiz führt dann zu automatischen Stellungsänderungen, in unserem Fall: Strecken der Beine zur Druckdämpfung, wenn in seinem Bewegungsrepertoire bereits Erfahrungen über das Befahren von Mulden oder von dem Bewegungsablauf her ähnliche Erfahrungen gespeichert sind.

Akustischem Analysator

Vom Schüler werden während der Bewegungsausführung über das Ohr akustische Signale aufgenommen. Ihr Informationsgehalt ist allerdings begrenzt. So kann beispielsweise das Geräusch des Kantens Auskunft über die Qualität eines Schwungs geben.

Taktilem Analysator

Eindrücke, die man über die Haut erhält, machen den taktilen Analysator aus. Da die Rezeptoren dieses Analysators in der Haut lokalisiert sind, hat er jeweils an der Information über jene Bewegungsabläufe Anteil, die unmittelbaren Kontakt mit der Umgebung erfordern. Beim Snowboardfahren sind das insbesondere die Füße, die Informationen über Veränderungen in der Druckverteilung an das Gehirn weiterleiten. Auch beim Rennlauf (Stangenkontakt) und Boardercross (Bodycheck) kann der taktile Analysator wichtige Informationen liefern. Für manche Fahrer ist deshalb die Umstellung von normalen Kippstangen auf Stubbies (Minikippstangen) ein Problem, weil ihr taktiler Analysator bislang die Berührung der Stange als Rhythmusgeber an das Gehirn weitergegeben hat.

Der »innere Regelkreis« wird aus den folgenden Analysatoren gebildet:

Vestibularer Analysator

Dieses im Innenohr angelegte Informationssystem ist in Kooperation mit den Drehungsrezeptoren der Nacken- und Halsmuskulatur für die Aufrecht- bzw. Gleichgewichtserhaltung des Körpers sowie die Orientierung im Raum zuständig. Aufgrund seiner Lage im knöchernen Schädel erfaßt der Vestibularapparat primär nur die Stellung des Kopfes im Raum bzw. die auf ihn einwirkenden Beschleunigungskräfte. Die Lage des Körpers wird erst sekundär über die tonischen Stell- und Halsreflexe wahrgenommen. Man könnte sagen: Der Kopf steuert die Bewegung. Gerade für eine Sportart wie das Snowboardfahren, die eine ausgeprägte räumliche Orientierung und differenzierte Gleichgewichtserhaltung erfordert, ist dieser

Analysator, der u. a. Informationen über notwendige Ausgleichsbewegungen zur Gleichgewichtssteuerung liefert, von überragender Bedeutung.

Kinästhetischer Analysator

Alles, was man als Muskelgefühl empfindet, sind weitergeleitete Informationen des „kinästhetischen Analysators". Zu ihm gehören die Muskelspindeln, die Sehnenspindeln und die Gelenkrezeptoren.

Ihre Aufgabe ist es, die Winkelstellung in Gelenken, aber auch die Spannungen und Spannungsveränderungen in den Muskeln zu registrieren. Da sie ihre Signale direkt an die betreffenden Bewegungsorgane (Muskeln) weiterleiten und schon kleinste Spannungsunterschiede wahrnehmen, sind sie als Erstinformanten wesentlich für ein differenziertes Bewegungsempfinden verantwortlich. Dies ist besonders beim Istwert-/Sollwert-Vergleich (Fehlerkorrektur) entscheidend. Weil alle anderen Informationssysteme in der Bewegungsregulation direkt an das kinästhetische System gebunden sind, ist dieses für die Steuerung einer Bewegung von zentraler Bedeutung. Beim Snowboarden spricht man sehr oft vom Gefühl: „Fahre mit Gefühl. Du sollst spüren, was deine Muskeln während dem Fahren tun."

Diese Informationssysteme sind für den Snowboardsport insofern interessant, weil ihre Leistungsfähigkeit trainierbar ist. Auch der Anteil der einzelnen Systeme am Prozeß der Bewegungssteuerung ist abhängig von dem Können des Sportlers. So spielt für den Anfänger der optische Analysator die größte Rolle, während die Leistungen des fortgeschrittenen Snowbaoardfahrers auf den Fähigkeiten des vestibularen Analysators und des kinästhetischen Analysators beruhen. Die Steuerung und Koordination einer Bewegung ist demnach vom motorischen Lernprozeß zu trennen, weil dieser die Gesamtstruktur des Vorgangs beeinflußt (vgl. BAUMANN/RIEM, 74-77).

SPEZIELLE BEWEGUNGSLEHRE

Im folgenden geht es um die Definition zentraler Begriffe aus der Grundtechnik beim Snowboarden.

Entlasten

Sinn des Entlastens ist es, ein schnelles Umkanten des Snowboards aufgrund des verminderten Drehwiderstandes zu ermöglichen. Die Entlastung kann sowohl aktiv als auch passiv (durch Gelände bedingt) geschehen, wobei die inneren (Muskelkraft) und äußeren Kräfte (Fliehkraft, Trägheitskraft usw.) eine wesentliche Rolle spielen.

Von Hochentlasten spricht man, wenn es im Augenblick des Verlangsamens oder Abstoppens einer Hochbewegung zu einer Entlastung kommt. Der Hochentlastung geht stets eine Hochbelastung voraus.

Von Tiefentlasten spricht man, wenn es zu Beginn einer Tiefbewegung zu einer Entlastung kommt und die Geschwindigkeit durch die Tiefbewegung zunimmt oder anhält.

Belasten

Sinn des Belastens ist es, Druck auf dem Boardkontaktpunkt (zwischen Schnee und Kante) aufzubauen:

- durch Strecken der Beine nach dem Umkanten,
- durch Vergrössern des Aufkantwinkels vom Board (durch Kurvenlage, Körperknick),
- durch Erhöhen der Muskelspannung, wenn sich die Widerstandskraft zwischen Board und Schnee verstärkt,
- durch Abstoppen oder Verlangsamen der Tiefbewegung.

Von Hochbelastung spricht man, wenn es zu Beginn einer Hochbewegung zu einer Belastung kommt und die Geschwindigkeit durch eine Hochbewegung zunimmt oder anhält.

Von Tiefbelastung spricht man, wenn es im Augenblick des Verlangsamens oder Abstoppens einer Tiefbewegung zu einer Belastung kommt. Je höher die Geschwindigkeit der Tiefbewegung und je abrupter ihr Abbremsen, desto stärker ist die Belastung. Der Tiefbelastung geht stets eine Tiefentlastung voraus (WIRHED, 1984, 74).

Aufkanten

Das Board kann während eines Schwunges auf verschiedene Arten aufgekantet werden:

- durch Strecken und Beugen im Sprunggelenk,
- durch seitliches Kippen des Körpers ohne Körperknick,
- durch aktives Beugen im Knie- und Sprunggelenk mit Körperknick („Drehseitbeuge" = dabei wird die Hüfte in Fahrtrichtung gedreht, das Gesäß seitlich abgesenkt und der Rumpf je nach Erfordernis durch eine Seitbeuge talwärts gekippt).

Unter Schneiden – auch Carven genannt – versteht man, daß das aufgekantete und belastete Board entlang seiner Kante gleitet und aufgrund seiner Eigenschaften (wie Taillierung, Torsionssteifigkeit, Flex, ...) eine Kurve beschreibt.

Beim Driften wird das Board durch das Drehmoment des Kräftepaares Trägheit und Schneewiderstand in eine Drehbewegung versetzt. Das Board bekommt dabei neben der Bewegung in seine Längsrichtung auch eine Bewegungskomponente, die normal auf die Längsrichtung des Boards wirkt (vgl. MIKO, 1996, 9-13).

burton
burton

GRUND

Grundschule

SCHULE

1 Vorbemerkung

Die Grundschule vermittelt dem zukünftigen Snowboardlehrer und der zukünftigen Snowboardlehrerin das notwendige theoretische und praktische Wissen für den Snowboardunterricht mit Anfängern.

Der Snowboardsport hat sich in den letzten Jahren so entwickelt, daß die ohnehin stark ausgelasteten Pisten noch mehr beansprucht werden. Das bedeutet für SnowboardlehrerInnen, dem Schüler neben der richtigen Technik auch ein Verantwortungsgefühl im Hinblick auf Sicherheit, richtiges Verhalten auf Pisten und im freien Schiraum sowie auf den Liften zu vermitteln.

Die Grundschule orientiert sich deshalb an einem exemplarischen Kursaufbau:

Vom Driftschwung bis zum Carven.

2 Erste Informationen

Da der erste Eindruck großen Einfluß auf den gesamten Kursablauf hat, ist es für den Kursleiter wichtig, sich einige Gedanken über die persönliche Vorstellung und das gegenseitige Kennenlernen zu machen, um damit von Anfang an eine gute Atmosphäre im Kurs zu schaffen.

KONTAKTAUFNAHME

Durch freundliches Auftreten und positive Ausstrahlung wecken Sie spontanes Vertrauen bei Ihren Schülern, und das gegenseitige Kennenlernen kann durch geeignete Spiele eine günstige Gruppendynamik schaffen.

Wichtige Informationen wie Kurstermine und Treffpunkte müssen bekanntgegeben werden. Die Besprechung der Tages- und Kursziele mit den Schülern gibt diesen eine klare Zielvorstellung und kann somit motivierend wirken.

Jetzt ist auch der richtige Zeitpunkt, um etwaige Fragen, zum Beispiel zur Ausrüstung etc., zu klären.

3 Ausrüstungskontrolle

Der Snowboardlehrer hat die Aufgabe, die Ausrüstung der Schüler zu kontrollieren, zu beobachten und deren Wichtigkeit für die Ausübung des Sports aufzuzeigen. Ohne die richtige Ausrüstung kann der Lernerfolg negativ beeinflußt werden. Deshalb sollte der Snowboardlehrer bei seinen Schülern auf folgende Punkte hinweisen:

Board

Für den Anfänger ist ein drehfreudiges Board besonders wichtig. Deshalb sollte die Länge die Kinnhöhe des Fahrers nicht überschreiten. Es sollte außerdem gut tailliert und weich sein (guter Flex).

Bindungsposition

Nachdem der Fahrertyp (Goofy oder Regular) bestimmt worden ist, sollte der Lehrer die Bindungsposition auch noch auf die Boardbreite abstimmen. Dabei sollten Zehen und Fersen höchstens mit der Kante abschließen, aber keinesfalls darüber hinausstehen!

Bindungsabstand

Der Bindungsabstand ist neben der Körpergröße (Schrittlänge) auch abhängig vom Einsatzbereich, von der Boardlänge und dem Können des jeweiligen Fahrers.

Generell gilt für den Anfänger, daß der Bindungsabstand ein bequemes Stehen auf dem Board ermöglichen sollte. Das heißt, daß der Schüler in der Grundstellung beide Füße gleich belastet und ihm genügend Bewegungsfreiheit im Hüft-, Knie- und Sprunggelenk bleibt.

Snowboardschuhe

Beim Anfänger sollte man darauf achten, daß nicht zu harte Schuhe gewählt werden. Erst mit zunehmendem Können wird ein härterer Schuh wichtig, um eine optimale Bewegungs- und Druckübertragung auf das Board zu gewährleisten.

Snowboardbekleidung

Neben dem Wärmeschutz sollte auf Verletzungsschutz der Hand- und Kniegelenke geachtet werden. Im Freestylebereich ist darüberhinaus besonders auf genügend Bewegungsfreiheit zu achten (Funktionalität).

4 SICHERHEIT

LEHR-/LERNZIEL

Die Lehrpersonen sollten die SchülerInnen nicht nur zu einem sicheren Umgang mit ihrem Sportgerät, sondern auch zur Beobachtung der Vorgänge auf der Piste und des eigenen Verhaltens anregen. Eine positive Einstellung zu den SportkollegInnen auf der Piste (Liftpersonal und Pistendienst eingeschlossen!) verringert das Risiko und schafft eine gute und friedliche Atmosphäre.

MATERIAL

Vor den ersten Übungen sollte der Snowboardlehrer den Schülern noch einige Tips zur Handhabung des neuen Sportgeräts geben (z.B. Board auf Bindung legen, **NICHT** in den Schnee stecken, Fangriemen oder Sicherheitsbindung mit Stopper).

Verhaltensregeln auf der Piste

Es ist die Pflicht eines jeden Snowboardlehrers, seine Schüler auch auf die folgenden wichtigen Verhaltensregeln hinzuweisen.

RÜCKSICHT AUF ANDERE

Jeder Snowboarder muß sich stets so verhalten, daß er keinen anderen gefährdet oder gar schädigt.

BEHERRSCHUNG DER GESCHWINDIGKEIT UND DER FAHRWEISE

Jeder Snowboarder muß Geschwindigkeit und Fahrweise seinem Können sowie den Gelände- und Witterungsverhältnissen anpassen.

WAHL DER FAHRSPUR

Der von hinten kommende Snowboarder muß seine Fahrspur so wählen, daß er vor ihm fahrende Schneesportler nicht gefährdet. Beim Carven gilt außerdem, daß der von unten nach oben (Schwung zum Hang) fahrende Snowboarder auf die von oben kommenden Wintersportler zu achten hat (Haftungspflicht!).

ÜBERHOLEN

Überholt werden darf von oben oder unten, von rechts oder links, aber immer mit einem Mindestabstand, der dem überholten Schneesportler für all seine Bewegungen genügend Raum läßt. Zu beachten ist, daß das Sichtfeld eines backsidefahrenden Snowboarders häufig eingeschränkt ist.

PFLICHTEN DES UNTEREN UND DES QUERENDEN SNOWBOARDERS

Jeder Snowboarder, der in eine Abfahrtsstrecke einfahren oder ein Skigelände queren will, muß sich zuvor nach oben und unten vergewissern, daß er dies ohne Gefahr für sich und andere tun kann. Dasselbe gilt auch nach jedem Anhalten.

VERWEILEN AUF DER ABFAHRTSPISTE

Jeder Snowboarder muß es vermeiden, sich ohne Not an engen und unübersichtlichen Stellen einer Abfahrtsstrecke aufzuhalten. Ein gestürzter Snowboarder muß eine solche Stelle so schnell wie möglich wieder freimachen.

AUFSTIEG

Der aufsteigende Snowboarder darf nur den Rand einer Abfahrtsstrecke benutzen; bei schlechten Sichtverhältnissen muß er auch diesen verlassen. Dasselbe gilt für den Snowboarder, der zu Fuß absteigt.

BEACHTEN DER ZEICHEN

Jeder Snowboarder muß die Zeichen (Markierungen und Hinweisschilder) auf den Abfahrtsstrecken beachten.

NITRO

Verhaltensregeln bei Unfällen

VERPFLICHTUNG ZUR HILFELEISTUNG

Jeder Snowboardfahrer, besonders aber die Snowboardlehrer, sind bei einem Pistenunfall uneingeschränkt zur Hilfeleistung verpflichtet. Dies gilt auch, wenn sich gruppenfremde Personen während der Betreuung der eigenen Gruppe verletzen (§ 95, Strafgesetzbuch). Die Fahrt muß sofort unterbrochen und die eigene Gruppe an einer sicheren Stelle abgestellt werden. Danach hat sich der Snowboardlehrer persönlich zu überzeugen, ob Hilfeleistung notwendig ist.

ABSICHERN DER UNFALLSTELLE

Als nächstes muß die Unfallstelle abgesichert werden, indem man 10 bis 20 Meter oberhalb des Verletzten zwei Snowboards kreuzweise in den Schnee rammt. Dies sollte auch an scheinbar übersichtlichen und schwach frequentierten Pistenabschnitten geschehen.

ERSTVERSORGUNG DES VERLETZTEN

Danach wendet man sich dem Verletzten zu: Als erstes werden die Ski oder das Snowboard entfernt, falls sie noch angeschnallt sind. Die Schuhe des Verletzten bleiben jedoch immer angezogen! Dann wird der Verletzte in der am wenigsten schmerzhaften Position gelagert, wobei darauf zu achten ist, daß er nicht abrutscht. Erst danach erfolgt die Erste Hilfe.

ÜBERGABE DER BETREUUNG

Wird die weitere Betreuung des Verletzten von einer anderen Person übernommen, so hat der Snowboardlehrer die Pflicht, über alle bisherigen Beobachtungen und Hilfsmaßnahmen Auskunft zu geben. Die Weitergabe der Betreuung muß konkret, exakt und eindeutig vereinbart werden. Der Snowboardlehrer darf sich nur dann verabschieden und wieder zu seiner wartenden Gruppe zurückkehren, wenn kein Zweifel über die Eignung und die Verläßlichkeit der betreuenden Person besteht.

ABTRANSPORT

Kann der Verletzte nicht mehr aus eigener Kraft ins Tal gelangen, benötigt man die Pistenrettung. Zu ihrer Alarmierung beauftragt man zwei Passanten, wobei genaue Angaben vor allem über den Unfallort notfalls schriftlich mitgegeben werden.

AUFZEICHNUNGEN

Schließlich muß man an Ort und Stelle Aufzeichnungen über den Unfallshergang machen und diese nach Dienstschluß auch in der Snowboardschule oder im Skischulbüro deponieren. Die Notizen sollten Auskunft zu folgenden Fragen geben:

WAS IST WANN GESCHEHEN ?

NAME UND ADRESSE DES/ DER VERLETZTEN

NAME UND ADRESSE ETWAIGER ZEUGEN

Quelle: ARGE österreichische Schilehrerausbildung, ERSTE HILFE (Skriptum für die österreichischen Schilehrerausbildung), Zell am See, Sept. 1992

AUSWEISPFLICHT BEI UNFÄLLEN

ERSTE-HILFE-PAKET

1 Alu-Kälteschutzfolie

2 Dreiecktücher

1 braune elastische Binde (10 cm breit)

mehrere Wundpflasterschnellverbände in verschiedenen Größen

2 Salbengaze-Wundauflagen

1 Packung Verbandmull

2-3 festkantige Mullbinden in verschiedener Breite

2 Momentverbände (Größe 2 und 4)

Leukoplastrollen (1,25 cm und 2,5 cm breit)

5 Sicherheitsnadeln

1 kleine Schere, Schreibpapier und Bleistift

Checkliste vor dem Unterricht

UM EINEN SICHEREN UND GEFAHRLOSEN UNTERRICHTSABLAUF ZU GARANTIEREN, SOLLTE DER SNOWBOARDLEHRER VOR BEGINN FOLGENDE PUNKTE BEACHTEN:

1. AUSRÜSTUNG DES LEHRERS

Zusätzlich zu dem eigenen Material, das selbstverständlich in bestem Zustand sein sollte, gehören zur Ausstattung des Lehrers:

- ❍ Erste-Hilfe-Ausrüstung
- ❍ Werkzeug (Schraubenzieher, Zange, evtl. ein Stück Draht zum Schnallenbefestigen)
- ❍ Reservekleidung
- ❍ Sonnencreme
- ❍ Ersatzbrille.

SEHR HILFREICH SIND AUSSERDEM

- ❍ Panoramakarten des Skigebietes
- ❍ Fahrpläne des öffentlichen Nahverkehrs der Region.

2. AUSRÜSTUNG DES SCHÜLERS

(siehe Punkt 3: Ausrüstungskontrolle)

3. AUSWAHL DES ÜBUNGSGELÄNDES

- Hangneigung je nach Können und Übungsart
- Pistenfrequentierung beachten
- Pistenpräparierung, beachten
- Schneeverhältnisse beachten
- Unbekanntes Gelände meiden
- Sammel- und Übungsplatz am Rande der Piste wählen

NICHT AN ENGPÄSSEN UND KUPPEN VERWEILEN ODER SCHULEN

- Witterungs- und Sichtverhältnisse beachten (bei Nebel: Gruppe zusammenhalten)

4. UNTERRICHTSORGANISATION

Bei Übungsfahrten sollte der Abstand (je höher das Tempo umso größer) zwischen den Schülern so gering wie möglich, aber so groß wie nötig sein. Um einen optimalen Lernerfolg zu gewährleisten und die Sicherheit zu erhöhen, muß der Snowboardlehrer auf eine gewisse Disziplin seiner Schüler achten (Anweisungen müssen befolgt werden!). Damit ist jedoch kein autoritärer Führungsstil gemeint.

5. PFLICHTEN GEGENÜBER DEN SCHÜLERN

Eine der erforderlichen Fähigkeiten eines guten Snowboardlehrers liegt in der korrekten Einschätzung des physischen und psychischen Leistungsniveaus seiner Schüler. Daraus ergibt sich die richtige Dosierung des Unterrichtaufbaues und -umfangs sowie der Unterrichtsinhalte:

- Schüler weder überfordern noch unterfordern
- Ermüdungserscheinungen erkennen und Regenerationsphasen einplanen
- Rechtzeitiges Warnen vor Gefahren
- Bei Minderjährigen: umfangreichere Aufsichtspflicht

5 Aufwärmen

Lehr-/Lernziel

Das Aufwärmen im Sport ist die physische und psychische Vorbereitung auf kommende Bewegungsabläufe und Belastungen und ist nicht gleichbedeutend mit dem umgangssprachlichen Verständnis desselben Begriffes. Durch gut durchblutete, aufgewärmte und gedehnte Muskelgruppen wird die Verletzungsgefahr erheblich verringert und die allgemeine Leistungsfähigkeit gesteigert.

In der Aufwärmphase wird der Körper gelockert, die Muskeln werden dehnfähiger und die Sehnen und Bänder geschmeidiger gemacht. Durch den angeregten Körperkreislauf wird die Reaktionsfähigkeit verbessert, was wiederum das Unfallrisiko verringert.

Aufwärmen ohne Board

Für das Aufwärmen ohne Board geben uns auch andere Sportarten viele Anregungen. Wichtig ist, daß die Aufwärmphase ernst genommen wird und man sich wirklich Zeit dafür nimmt. Folgender Ablauf kann als sinnvolles Beispiel für das Aufwärmen im Snowboardunterricht angesehen werden.

- Warmlaufen (im Stand oder Kreis)
- Spiele (z.B. Staffel, Fangen, Reaktionsspiele etc., Möglichkeit zum besseren Kennenlernen)
- Kreisende Bewegungen (Hüfte, Schultern, Hand-, Knie- und Sprunggelenke)
- Arm- und Beinkreisen (Balanceübungen)
- Überkreuzbewegungen
- Rumpfbeugen (vorwärts, rückwärts, seitwärts)
- Koordinationsübungen (Jonglieren etc.)
- Dehnübungen

Aufwärmen mit Board

Erfogt immer erst nach dem Aufwärmen ohne Board und setzt ein bestimmtes fahrtechnisches Können voraus. Folgende Übungen könnten dafür variabel eingesetzt werden:

- Fahren mit leicht geöffneten Schnallen, die erst nach und nach fester gestellt werden
- Einfahren mit langsamer Temposteigerung
- Übungen aus dem Freestylebereich (180°/360° Drehungen etc.)
- Von einfachen bis komplexen Schwungformen

gals

6 ERSTE ÜBUNGEN
(GEWÖHNUNG AN DAS GERÄT)

LEHR-/LERNZIEL

Die ersten Übungen dienen dazu, sich an das Board in Ruhe und in Bewegung zu gewöhnen, sowie das Gefühl für die Position auf dem Board (Grundstellung) zu vermitteln. In diesem Zusammenhang wird auch das Gleichgewicht am Board geschult. Die ersten Übungen werden nur mit einem Fuß in der Bindung, später mit beiden Füßen in der Bindung durchgeführt.

MIT VORDEREM FUSS IN DER BINDUNG

- Umkantübung (wechselseitiges Aufkanten des Boards; „Backside" – „Frontside")
- Drehen im Stand; um Frontside–Backside
- Schwalbe (180-Grad-Drehung mit dem Board um die Frontsidekante und um die Backsidekante)
- Achtergehen
- „Roller gehen" (gerade und im Kreis)
- „Roller fahren" (anschieben – zweiten Fuß dazustellen – gleiten lassen)
- Gleiten 3 m, 6 m,
- Gleiten und Bremsen auf die Frontside (mit Spielbein gefühlvolles Abbremsen im Schnee)

MIT BEIDEN FÜSSEN IN DER BINDUNG

- Abwechselnd mit rechter und linker Hand zu „Nose und Tail" greifen
- Board vor-, rück- und seitwärts schieben
- Springen im Stand
- Board beim Springen wenig drehen
- Balancieren auf den Kanten
- Springen und Aufkanten
- Sitzkehre

AUFSTEHEN

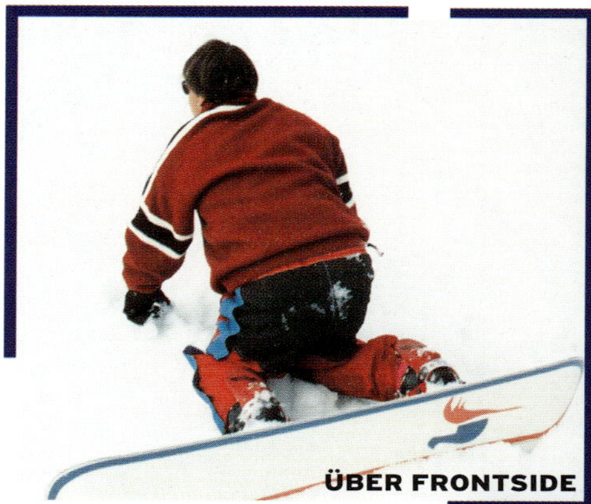
ÜBER FRONTSIDE

ÜBER BACKSIDE

SITZKEHRE

AUFSTEHEN

Beim Aufstehen unterscheidet man drei verschiedene Varianten, denen gemeinsam ist, daß der Körperschwerpunkt möglichst nahe oder über das Board gebracht wird. Außerdem muß das Board quer zur Fallinie in den Schnee gedrückt werden, um das Wegrutschen beim Aufstehen zu verhindern.

1. VARIANTE: Öffnen der hinteren Bindung

2. VARIANTE: mit Hilfe der Hände über Knie und Frontsidekante aufrichten – Blick zum Berg

3. VARIANTE: über Backside aufrichten – Blick ins Tal (Gesäß so nah wie möglich zum Board – mit der vorderen Hand im Schnee abstützen und aufrichten – dabei Oberkörper Richtung „Nose" beugen und mit der hinteren Hand das vordere Knie fassen und sich hochziehen)

FALLTECHNIK

Obwohl es zwei verschiedene Fallrichtungen gibt (Frontside, Backside), gelten für beide die selben Prinzipien der Falltechnik.

1. GRUNDPRINZIP: Der Körperschwerpunkt sollte immer möglichst nahe zum Boden gebracht werden. Allso **NICHT** überstrecken, wenn man nach hinten fällt, sondern in die Knie gehen und rückwärts abrollen.

2. GRUNDPRINZIP: Landung möglichst großflächig (z. B. beim Vorwärts-Fallen nicht nur auf Knie oder Händen landen, sondern den Sturz mit Oberschenkeln und Unterarmen abfangen)

7 Gleitübungen

Lehr-/Lernziel

Die ersten Gleitübungen dienen der Verbesserung des Gleichgewichts und der Gewöhnung an das Gleiten mit höherer Geschwindigkeit. Dabei soll der Schüler lernen, mit dem hinteren Fuß im Auslauf zu bremsen, im Auslauf zu kanten und zu belasten. Das Hauptaugenmerk sollte bei diesen Übungen auf der korrekten Grundposition (=Grundstellung) liegen. Unter der Grundstellung versteht man folgende Fahrposition auf dem Snowboard: Beide Füße sind in der Bindung und das Sprung-, Knie- und Hüftgelenk ist leicht gebeugt. Der Oberkörper wird etwas in die Fahrtrichtung gedreht. Der Blick orientiert sich in die Richtung, wo man hinfährt. Die Bewegungsfreiheit in allen Gelenken muß dabei erhalten bleiben. Optisch verändert sich die Grundstellung je nach Bindungsposition.

Vorübung

So wie bei den Übungen zur Gewöhnung an das Gerät, unterscheiden wir auch hier zwischen Übungen mit einem Fuß beziehungsweise beiden Füßen in der Bindung.

ÜBUNGEN WÄHREND DER FAHRT (STANDBEIN IN DER BINDUNG, SPIELBEIN IST AUF DER ANTIRUTSCHMATTE)

- Geradeausgleiten in der Grundposition (= Sprung-, Knie-, Hüftgelenke sind etwas gebeugt, Hüfte und Rumpf werden leicht in Fahrtrichtung vorgedreht, Arme zeigen in die Fahrtrichtung)
- Geradeausgleiten in der Mittellage (= beide Füße sind gleich belastet, der Rumpf wird der Bindungsposition angepaßt)
- Während der Fahrt abwechselnd Hände auf die Knie legen
- Hände während der Fahrt über den Kopf halten
- Spielbein heben
- Handschuh während der Fahrt in die Höhe werfen und fangen
- Im Auslauf über Frontsidekante Board über die Fallinie drehen: „J-turn" = Das Spurbild sieht aus wie ein J (mit dem Spielbein gefühlvolles Abbremsen im Schnee)

ÜBUNGEN WÄHREND DER FAHRT (BEIDE FÜSSE IN DER BINDUNG)

- Gleiten in der Fallinie in Grundposition bis zum Stillstand
- Hoch- und Tiefbewegungen während der Fahrt
- Kniewippen
- Während der Fahrt abwechselnd Hände auf die Knie legen und über den Kopf halten
- Leichte Sprünge während der Fahrt
- Während der Fahrt wechselseitig Zehen und Fersen belasten
- Im Auslauf das Board aufkanten und entlang der Taillierung zum Hang steuern

METHODISCHE HILFSMITTEL

Für die ersten Gleitübungen ist ein muldenartiges Gelände mit sicherem und ebenem Startplatz besonders geeignet. Der Lehrer sollte darauf achten, daß das Übungsgelände genügend Auslauf möglichst mit Gegenhang bietet.

Zusätzliche Hilfsmittel sind Fähnchen als Start- bzw. Ziel-Markierungspunkte sowie Schneebälle und Handschuhe als Jongliergeräte.

HAUPTFEHLER UND KORREKTUREN

Fehler:	Zu starke Rücklage während der Fahrt
Korrektur:	Beide Hände auf das vordere Knie legen - Gewicht stärker auf das Standbein verlagern.
Fehler:	Falsche Oberkörperposition (Schultern sind parallel zur Boardlängsachse = „Minusstellung")
Korrektur:	Schulung der Grundposition (Grundstellung) (Oberkörper in Fahrtrichtung drehen = „Plusstellung")
Fehler:	Unruhiger Oberkörper
Korrektur:	Arme in Fahrtrichtung halten (dient der Stabilisierung)

8 Rutschen vor dem Liftfahren

LEHR-/LERNZIEL

Durch sicheres Rutschen – vorwärts, rückwärts und in der Fallinie – lernt der Schüler seine Geschwindigkeit in steilerem Gelände zu kontrollieren.

VORÜBUNG

Erklärung des Bewegungsablaufes und der Position beim Rutschen ohne Board am Hang, Rutschen mit Hilfe des Snowboardlehrers (Lehrer hält Schüler an der Hand)

ZIELÜBUNG

- Rutschen ohne Hilfe des SB-Lehrers (gleichmäßiges Rutschen)
- Während des Rutschens: stärker und weniger stark aufkanten
- Erst in der Fallinie rutschen – dann vorwärts rutschen
- Erst in der Fallinie rutschen – dann rückwärts rutschen

Während des Rutschens: abwechselnd vorderen Fuß (= Standbein) und hinteren Fuß (= Spielbein) belasten (leichtes Zick-Zack-Rutschen)

METHODISCHE HILFSMITTEL

Für das Rutschen eignet sich am besten ein kurzer, mittelsteiler Hang mit flachem Auslauf. Die Piste sollte glatt gewalzt und der Schnee hart sein. Bei den ersten Rutschversuchen soll aktive Hilfestellung geleistet werden, um Angst vorzubeugen.

HAUPTFEHLER UND KORREKTUREN

Fehler:	Beim Aufstehen: starkes Abdriften auf der Backside (Fersenkante)
Korrektur:	Board quer zur Fallinie stellen, bewußtes Aufkanten aus dem Sprunggelenk und aufstehen.
Fehler:	Auf der Frontside kantet der Schüler zu stark auf
Korrektur:	Fersen nach unten drücken

LEHR-/LERNZIEL

Der Schüler lernt das sichere und richtige Benutzen von Aufstiegshilfen.

SESSELLIFT

Der Sessellift ist besonders gut geeignet für Anfänger und solche, die sich nach einer Abfahrt erholen wollen. Die erste Fahrt empfiehlt sich mit abgeschnalltem Board, sofern dies der Ausstieg zuläßt.

SCHLEPPLIFT

Wenn kein Liftpersonal zur Stelle ist, assistiert der Snowboardlehrer. Bei größeren Schwierigkeiten empfiehlt es sich, einen guten Skifahrer zu bitten, mit dem Schüler zu fahren, oder selbst als Begleiter mitzukommen. Zu Demonstrationszwecken kann man mit einem Bügel die ersten Meter des Liftfahrens simulieren. Dies ist besonders für sehr ängstliche Fahrer hilfreich.

Zuerst wird der hintere Fuß aus der Bindung genommen und auf die Antirutschmatte zwischen der Bindung gestellt. Dann wird der Bügel zwischen die Beine genommen. Mit beiden Händen hält man sich am Bügel fest, dort, wo das Seil befestigt ist. Mit einer leichten Vorlage dämpft man das oft ruckartige Anziehen ab. Wenn man in Bewegung ist, nimmt man eine lockere, entspannte Körperposition ein und läßt das Board gleiten, während man die äußere Hand löst und sich seitlich am Bügel festhält. Der Blick ist etwas nach vorne und nicht verkrampft auf das Board nach unten gerichtet.

TELLERLIFT

Der Tellerlift ist ebenfalls eine gute Aufstiegshilfe für den Anfänger mit dem kleinen Nachteil, daß keine Begleitperson mitfahren kann. Das Vorgehen ist ähnlich wie beim Schlepplift.

10 Rutschen und die erste Abfahrt

LEHR-/LERNZIEL

Wie schon beim Rutschen wird auch hier die Dosierung und Kontrolle der Geschwindigkeit weiterhin geschult und die Grundposition (Grundstellung) gefestigt. Als neue Komponente kommt jedoch das bewußte Steuern des Boards hinzu.

VORÜBUNG

- Rutschen in der Fallinie, mit abwechselnd stärkerem und weniger starkem Aufkanten
- Rutschen in der Fallinie mit stop-and-go (Stoppen durch starkes Aufkanten und wieder Rutschen durch Flachstellen des Boards)
- Zielrutschen (Snowboardlehrer gibt Ziele vor, die man rutschend ansteuert)
- Zick-Zack-Rutschen mit Bremsen (Vorwärtsrutschen – Stoppen – Rückwärtsrutschen – usw.)
- Zick-Zack-Rutschen ohne Bremsen (Vorwärts-, Rückwärtsrutschen ohne Stoppen – usw.)
- Girlande (Vorwärtsrutschen mit stop-and-go)

METHODISCHE HILFSMITTEL

Neben einem mittelsteilen Gelände und glatten Pisten sind optische Hilfen (Fähnchen als Ziel- oder Markierungspunkte) und aktive Hilfen (Hände halten) sehr zielführend. Ein weiteres wichtiges methodisches Hilfsmittel ist die Spurwahl. Die Spurwahl entsteht aus der Stellung des Brettes zum Hang. Die steilste Spurwahl ist die Fallinie selbst und die flachste Spurwahl ist im rechten Winkel zur Fallinie:

Steiles Gelände – steile Spurwahl	(gilt für Rutschen)
Flaches Gelände – flache Spurwahl	(gilt für Rutschen)
Steiles Gelände – flache Spurwahl	(gilt für Girlande)
Flaches Gelände – steile Spurwahl	(gilt für Girlande)

RUTSCHEN AUF BACKSIDEKANTE IN DER FALLINIE

RUTSCHEN AUF BACKSIDEKANTE RÜCKWÄRTS

HAUPTFEHLER UND KORREKTUREN

Fehler:	Beim Rutschen: starkes Abdriften auf der Backside
Korrektur:	Bewußtes Aufkanten aus dem Sprunggelenk, Zehen anheben Oberkörper in Fahrtrichtung drehen (zum Hang lehnen)
Fehler:	Auf der Frontside kantet der Schüler zu stark
Korrektur:	Fersen nach unten drücken Oberkörper der Bindungsposition anpassen
Fehler:	Auf der Backside: falsche Grundposition (Schüler versucht durch Beugen des Oberkörpers in der Hüfte, Board aufzukanten)
Korrektur:	Bewußtes Heben und Senken der Zehen (beim Heben der Zehen wird der Aufkantwinkel vergrößert)

HAUPTFEHLER UND KORREKTUREN

Fehler: Beim Frontside untersteuern

Korrektur: Das Board nicht zu früh und zu stark aufkanten. Drehbewegung des Boards nicht zu früh durch zu starkes Belasten der werdenden Innenkante unterbrechen.

Fehler: Beim Backside erfolgt ein Übersteuern des Boards. Ein leichtes Vordrehen in der Auslösephase wird häufig als Erleichterung empfunden.

Korrektur: Die Auslösung sollte nur durch den Belastungswechsel, das Flachstellen des Boards und leichtes Hineinlegen in den neuen Schwung erfolgen. Der Oberkörper dreht mit dem Board mit. Der Druck auf die Innenkante soll am Beginn der Steuerphase erhöht werden.

Fehler: Belastungswechsel erfolgt zu wenig dynamisch und intensiv – Verzögerung im Auslösen – zu lange Radien

Korrektur: Üben von Drehen/Umkanten im mittelsteilen Gelände: Je flacher das Gelände, umso größer werden die Radien, weil Auslösen und Drehen viel mehr Zeit brauchen.

Driftschwung mit Belastungswechsel 11

Lehr-/Lernziel

Der Schüler lernt die Richtungsänderung über die Fallinie, wobei das Board im gedrifteten Zustand gesteuert wird. Der Driftschwung wird über einen Belastungswechsel und ein leichtes Hineinlegen in den neuen Schwung ausgelöst.

11.1 Lehrweg: Über die Ganzheitsmethode

Bewegungsbeschreibung

Aus der Schrägfahrt (gleichmäßige Belastung beider Füße) wird das Auslösen des Driftschwunges über einen Belastungswechsel (Gewicht auf dem vorderen Fuß, was durch ein Beugen im vorderen Kniegelenk erreicht wird) und ein Flachstellen des Boards erreicht.
Das Board dreht sich dadurch in die Fallinie.
Das Aufkanten ist verbunden mit einem leichten Hineinlegen in den neuen Schwung und einer Erhöhung des Drucks auf die zukünftige Innenkante. Das Board wird dabei gedriftet in die Schrägfahrt gesteuert.

WÄHREND DES GESAMTEN SCHWUNGES FOLGT DER OBERKÖRPER IN SEINER GRUNDPOSITION DER DREHBEWEGUNG DES BOARDS (= MITDREHEN).

Methodische Hilfsmittel

Als methodische Hilfsmittel bietet sich die Wahl eines mittelsteilen und gleichmäßigen Hanges an. Das Auslösen des Schwunges läßt sich leichter im steileren Gelände schulen, während man für das Steuern eher flacheres Gelände bevorzugen sollte.
Die aktive Hilfe, mit Führen des motorisch weniger begabten Schülers an der Hand, in der „Drehphase" kann für das bewußte Erfahren des Bewegungsablaufes sehr zielführend sein.

11.2 LEHRWEG: Über die Teilmethode Drehen/Umkanten

VORAUSSETZUNG

Die Voraussetzungen zum Erlernen des Driftschwunges mit Belastungswechsel mittels Drehen/Umkanten sind: ausgeprägtes Gleichgewichtsgefühl, Erfahrung im Belastungswechsel, ein gutes Gefühl für das Driften (Rutschen), Beherrschen von Fertigkeiten wie Board flachstellen und aufkanten.

BEWEGUNGSBESCHREIBUNG

Aus dem Schrägrutschen rückwärts oder vorwärts erfolgt das "Drehen und Umkanten".
Ausgelöst durch das Flachstellen des Boards und einen betonten Belastungswechsel (Gewichtsverlagerung) auf das Standbein (dabei muß der Körperschwerpunkt nach vorne verlagert werden) bewegt sich das Board in die Fallinie, der Oberkörper folgt der Drehbewegung des Boards. Durch diesen Bewegungsablauf wird das Board um 180 Grad gedreht.

VORÜBUNG

IM STAND

- Demonstration des Bewegungsablaufes
- Imitation des Bewegungsablaufes mit Unterstützung des Snowboardlehrers
- Imitation des Bewegungsablaufes mit Unterstützung des Snowboardlehrers und geschlossenen Augen (verinnerlichen).

AUS DER SCHRÄGFAHRT

- Aus dem Schrägrutschen rückwärts erfolgt das „Drehen und Umkanten"
- Aus dem Rutschen in der Fallinie erfolgt das „Drehen und Umkanten"
- Aus dem Vorwärtsrutschen mit anschließendem kurzen Rutschen in der Fallinie erfolgt das „Drehen und Umkanten"
- Aus dem Vorwärtsrutschen erfolgt das „Drehen und Umkanten" (= Driftschwung)

ZIELÜBUNG

- Aneinanderreihen der Driftschwünge
- Spur des SB-Lehrers fahren
- Radien variieren
- Rhythmuswechsel einbauen
- Gelände variieren
- Tempo steigern = Ab einer bestimmten Geschwindigkeit und Sicherheit nimmt die Rutschphase immer mehr ab.
- Durch Tore fahren
- Bewegungsbeispiele

METHODISCHE HILFSMITTEL

Als methodische Hilfsmittel bietet sich die Wahl eines mittelsteilen und gleichmäßigen Hanges an. Das Auslösen des Drehens und Umkantens läßt sich leichter im steileren Gelände schulen.
Die aktive Hilfe, mit Führen des motorisch weniger begabten oder ängstlichen Schülers an der Hand, in der „Drehphase" kann für das bewußte Erfahren des Bewegungsablaufes sehr zielführend sein.

HAUPTFEHLER UND KORREKTUREN

Fehler:	Rückenlage (Angst)
Korrektur:	betonter Belastungswechsel. (Gewichtsverlagerung nach vorne

11.3 LEHRWEG: Über die Teilmethode mit der Girlande, dem Schwung zum Hang und dem Eineinhalb-Schwung

VORAUSSETZUNG

Voraussetzung zum Erlernen des Driftschwungs mit Belastungswechsel über Teilmethode mit Girlande, dem Schwung zum Hang und dem Eineinhalb-Schwung ist ein ausgeprägtes Gleichgewichtsgefühl, Erfahrung im Belastungswechsel und ein gutes Gefühl für das Driften (Rutschen). Fertigkeiten wie Board flachstellen und aufkanten müssen beherrscht werden.

METHODISCHE HILFSMITTEL

Als methodisches Hilfsmittel bietet sich die Wahl eines mittelsteilen und gleichmäßigen Hanges an. Das Auslösen läßt sich leichter im steileren Gelände schulen, während man für das Steuern eher flacheres Gelände bevorzugen sollte. Aktive Hilfe mittels Führen des (motorisch weniger begabten oder ängstlicher) Schülers an der Hand in der „Drehphase" kann für das bewußte Erfahren des Bewegungsablaufes sehr zielführend sein.

VORÜBUNG

IM STAND

- Demonstration des Bewegungsablaufes
- Imitation des Bewegungsablaufes mit Unterstützung des Snowboardlehrers
- Imitation des Bewegungsablaufes mit Unterstützung des Snowboardlehrers und mit geschlossenen Augen (verinnerlichen)

AUS DER SCHRÄGFAHRT

GIRLANDE

Aus der Schrägfahrt wird das Board leicht in Richtung Fallinie eingedreht, indem man das Gewicht mehr auf den vorderen Fuß verlagert und das Board flachstellt. Dann wird das Board wieder zum Hang gesteuert, indem man es wieder stärker aufkantet und gleichmäßig belastet. Während der gesamten Übung folgt der Oberkörper in der Grundposition der Drehbewegung des Boards (= Mitdrehen).

Schwierigkeitsgrad der Übung durch stärkeres Eindrehen des Boards in die Fallinie steigern!

SCHWUNG ZUM HANG

Start nahe der Fallinie (Board ist dabei leicht aufgekantet): Durch stärkeres Aufkanten des Boards wird der Schwung zum Hang gesteuert.

AUS DER FALLINIE

EINEINHALB-SCHWUNG

Start nahe der Fallinie mit aufgekantetem Board. Das Board zum Hang steuern, Gewichtsverlagerung auf das Standbein und Flachstellen des Boards (worauf das Board in die Fallinie dreht). Dann das Board aufkanten und den Druck auf die Innenkante erhöhen, sodaß das Board zum Hang steuert. (Während der gesamten Übung folgt der Oberkörper in der Grundposition der Drehbewegung des Boards.)

HAUPTFEHLER UND KORREKTUREN

Fehler: Beim Frontsideturn untersteuern

Korrektur: Das Board nicht zu früh und zu stark aufkanten. Drehbewegung des Boards nicht zu früh durch zu starkes Belasten der zukünftigen Innenkante unterbrechen.

Fehler: Beim Backsideturn erfolgt ein Übersteuern des Boards.

Korrektur: Die Auslösung sollte nur durch den Belastungswechsel, Flachstellen des Boards und leichtes Hineinlegen in den neuen Schwung erfolgen. Der Oberkörper dreht mit dem Board mit – aber nicht über die 90 Grad (Schulter zur Boardlängsachse) hinaus. Der Druck auf die Innenkante soll am Beginn der Steuerphase erhöht werden.

Fehler: Belastungswechsel erfolgt zu wenig dynamisch und intensiv – Verzögerung im Auslösen – ewig lange Radien

Korrektur: Üben von Drehen/Umkanten im mittelsteilen Gelände. Je flacher das Gelände, umso größer werden die Radien, weil Auslösen und Drehen viel mehr Zeit brauchen.

Fehler: Bei Girlande zu starke Oberkörperrotation

Korrektur: Auslösen über betonten Belastungswechsel

Fehler: Schwung zum Hang. „Backside" zu starkes Abknicken des Oberkörpers in der Hüfte nach Hinten

Korrektur: In Grundposition durch Kippen Schwung zum Hang steuern

ZIELÜBUNG

- Aneinanderreihen der Driftschwünge
- Spur des SB-Lehrers nachfahren
- Radien variieren
- Rhythmuswechsel einbauen
- Gelände variieren
- Tempo steigern = Ab einer bestimmten Geschwindigkeit und Sicherheit nimmt die Rutschphase immer mehr ab.
- Bewegungsspiele:
  1) Hintere Hand am Rücken, vordere Hand über der Nase
  2) Bogen äußere Hand über der Nase halte, Bogen innere Hand stützt sich in der Hüfte ab
  3) Hände vorne Verschränken
  4) Beide Hände am Rücken
- Durch Tore fahren

LEHR-/LERNZIEL

Der Schüler lernt das Auslösen des Driftschwunges durch eine Hochentlastung einzuleiten.

BEWEGUNGSBESCHREIBUNG

Das Auslösen des Schwunges erfolgt über eine Hochentlastung mit einem gleichzeitigen Belastungswechsel (Gewichtsverlagerung) auf das Standbein und Flachstellen des Boards. Das Board wird aufgekantet und der Druck auf der zukünftigen Innenkante wird durch das Verlangsamen oder Abstoppen der unmittelbar an die Hochentlastung folgenden Tiefbewegung (= Tiefbelastung) allmählich verstärkt und bis zum Ende der Steuerphase durch eine Hochbelastung erhöht.

VORAUSSETZUNG

Voraussetzungen zum Erlernen dieses Schwunges ist die Beweglichkeit in den Sprung- und Kniegelenken und die Fähigkeit, das Board durch eine Hochbewegung (Hochentlastung) flachzustellen und wieder aufzukanten (indirekter Kantenwechsel).

Mit zunehmender Geschwindigkeit und Steilheit des Geländes wird der indirekte Kantenwechsel zum direkten Kantenwechsel übergehen.

VORÜBUNG

IM STAND

- Demonstration des Bewegungsablaufes
- Imitation des Bewegungsablaufes mit Unterstützung des Snowboardlehrers
- Imitation des Bewegungsablaufes mit Unterstützung des Snowboardlehrers und mit geschlossenen Augen (verinnerlichen)

AUS DER SCHRÄGFAHRT

- Hoch- und Tiefbewegungen (Bewegung aus Sprung- und Kniegelenk)

GIRLANDE

- Aus der steileren Spur anfahren. Das Board aufkanten und durch Tiefgehen zum Hang steuern, anschließend eine Hochbewegung. Board entlasten und in die Falllinie drehen ur von dort zum Hang steuern
- **SCHWUNG ZUM HANG**
  Board aufkanten und während der Tiefbelastur Druck aufbauen, so daß am Ende der Steuerpha se der größte Druckpunkt erreicht wird.
- Übung wie oben; wenn der Druckpunkt am größten ist, folgt ein aktives Strecken der Bein

AUS DER FALLINIE

EINEINHALB-SCHWUNG

Start nahe der Fallinie mit aufgekantetem Board. Während der Tiefbelastung wird das Board zum Hang gesteuert. Wenn man den

DRIFTSCHWUNG MIT HOCHENTLASTEN

12

größten Druck verspürt, folgt ein kräftiges Abstoßen durch aktives Strecken der Beine. Während der Hochentlastung wird umgekantet und das Board wird während der Tiefbelastung zum Hang gesteuert.

ZIELÜBUNG

- Aneinanderreihen der Schwünge
- Spur der SB-Lehrers nachfahren
- Radien variieren
- Rhythmuswechsel
- Gelände variieren
- Tempo variieren
- Durch Tore fahren
- Unterschiedliche Schneebeschaffenheit nutzen (Tiefschnee, Schlechtschnee usw.)
- **Einzelschwung**
  Start nahe der Fallinie (Board ist dabei leicht aufgekantet): Das Auslösen erfolgt über eine Hochentlastung mit Belastungswechsel (Gewichtsverlagerung) auf das Standbein und leichtes Hineinlegen in den neuen Schwung. Durch stärkeres Aufkanten wird das Board zum Hang gesteuert.

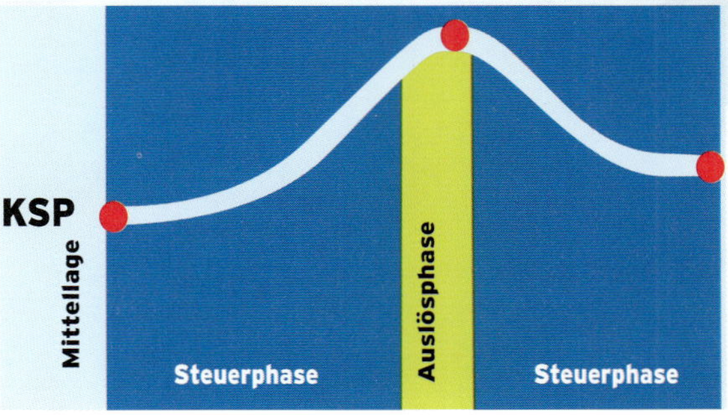

METHODISCHE HILFSMITTEL

Die richtige Geländewahl ist ein wesentliches methodisches Hilfsmittel. In diesem Fall eignet sich mittelsteiles, glattes Gelände oder flaches Gelände mit kleinen Buckeln für die Hochentlastung besonders gut.

HAUPTFEHLER UND KORREKTUREN

Fehler: Timing beim Hoch- und Tiefgehen
Korrektur: Akustische oder optische Hilfsmittel verwenden

Fehler: Zu geringe Hochentlastung
Korrektur: Schwung zum Hang mit aktiver Hochbelastung (= Strecken) und anschließender Hochentlastung (= Abstoppen der Streckbewegung)

Fehler: Zu geringe Tiefbewegung in der Steuerphase
zu geringer Druckaufbau
kaum Hochbelastung möglich = fehlende Hochentlastung
Korrektur: Steuerphase mit Tiefbelastung und Hochbelastung schulen (z.B. Schwung zum Hang bis zum Stillstand des Boards)

LEHR-/LERNZIEL

Das Auslösen des Schwunges wird durch eine Tiefentlastung mit gleichzeitigem Flachstellen des Boards erreicht.

BEWEGUNGSBESCHREIBUNG

Das Auslösen des Schwunges erfolgt über eine Tiefentlastung mit einer gleichzeitigen Gewichtsverlagerung auf das Standbein und einem Flachstellen des Boards. Das Board wird aufgekantet und der Druck auf die zukünftige Innenkante durch eine Hochbelastung allmählich verstärkt.

VORÜBUNG

IM STAND

- Demonstration des Bewegungsablaufes
- Imitation des Bewegungsablaufes mit Unterstützung des Snowboardlehrers
- Imitation des Bewegungsablaufes mit Unterstützung des Snowboardlehrers mit geschlossenen Augen (verinnerlichen)

AUS DER SCHRÄGFAHRT

- Hoch- und Tiefbewegungen während der Fahrt
- Beim Tiefgehen Board flachstellen – Rutschen auslösen – dann Board wieder stärker aufkanten bei gleichzeitigem Strecken der Beine

GIRLANDE

- Beim Tiefgehen Board flachstellen – Rutschen auslösen und Board stärker in Fallinie drehen – dann Board wieder stärker aufkanten bei gleichzeitigem Strecken der Beine – Tiefentlastung mit gleichzeitiger Gewichtsverlagerung auf das Standbein und Flachstellen des Boards – Board wird in Fallinie eingedreht – anschließend Board durch stärkeres Aufkanten und strecken der Beine zum Hang steuern.
- **SCHWUNG ZUM HANG:** Board aufkanten und während der Hochbelastung Druck aufbauen, so daß am Ende der Steuerphase der größte Druckpunkt erreicht wird.
- Übung wie oben; wenn der Druckpunkt am größten ist, folgt ein aktives Beugen der Beine.

NAHE DER FALLINIE

EINEINHALB-SCHWUNG

Start nahe der Fallinie in Mittellage. Während der Hochbelastung wird das Board zum Hang gesteuert. Wenn man den größten Druck verspürt, folgt ein aktives Beugen der Beine mit Flachstellen und Aufkanten (während der Tiefentlastung). Das Board wird während der Tiefbelastung zum Hang gesteuert.

Driftschwung mit Tiefentlasten 13

Voraussetzungen

Die Voraussetzungen zum Erlernen des Driftschwunges mit Tiefentlasten liegen in der Beweglichkeit des Sprung- und Kniegelenkes und der Fähigkeit das Board durch eine Tiefbewegung (Tiefentlastung) flachzustellen und in weiterer Folge wieder aufzukanten (indirekter Kantenwechsel).

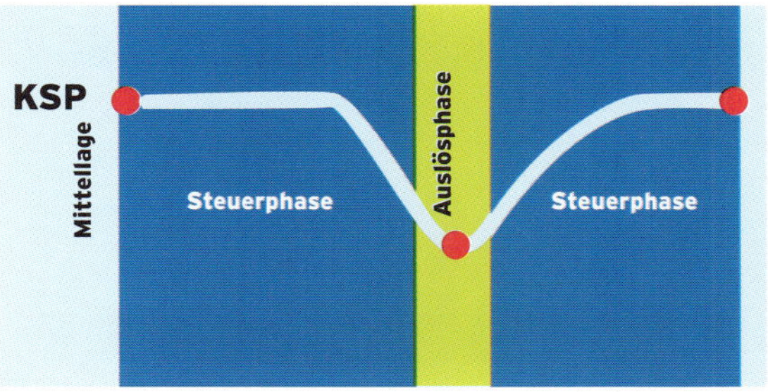

Zielübung

- Aneinanderreihen der Schwünge
- Spur der SB-Lehrers nachfahren
- Radien variieren
- Rhythmuswechsel
- Gelände variieren
- Tempo variieren
- Durch Tore fahren
- Unterschiedliche Schneebeschaffenheit nutzen (Tiefschnee, Schlechtschnee, usw.)
- **Einzelschwung**
  Start nahe der Fallinie (Board ist dabei leicht aufgekantet): Das Auslösen erfolgt über eine Tiefentlastung mit Belastungswechsel (Gewichtsverlagerung) auf das Standbein und leichtes Hineinlegen in den neuen Schwung. Durch stärkeres Aufkanten des Boards und aktiver Hochbelastung wird der Schwung zum Hang gesteuert.

Methodische Hilfsmittel

Für den Driftschwung mit Tiefentlasten eignen sich besonders konvexe mittelsteile bis flache Geländeformen.
Videoaufnahmen unterstützen den Lernprozeß und verhelfen zu einem besseren Verständnis.

Hauptfehler und Korrekturen

Fehler:	Timing beim Tiefentlasten
Korrektur:	Akustische oder optische Hilfsmittel
Fehler:	Zu starke Rumpfvorbeuge (= Beugen in der Hüfte nach vorne)
Korrektur:	Hoch -/Tiefbewegung während der Schrägfahrt mit aufrechtem Oberkörper (Rumpf).

14 VOM DRIFTEN ZUM SCHNEIDEN

Schrägfahren auf der Kante

LEHR-/LERNZIEL

Der Schüler wird an höhere Geschwindigkeiten gewöhnt. Die Schulung des Gleichgewichtes wird durch die Wahl des Geländes und der Schneebeschaffenheit ständig verbessert. Weiters soll dem Schüler das Gefühl des Gleitens entlang der Boardkante vermittelt werden.

VORAUSETZUNG

- Fertigkeit im Flachstellen und Aufkanten des Boards
- Fertigkeit beim Steuern

BEWEGUNGSBESCHREIBUNG

Aus der steileren Schrägfahrt in der Grundposition wird durch richtiges Aufkanten und Belasten des Boards auf ein bestimmtes Ziel zugesteuert.

VORÜBUNGEN

- Auf ein Ziel zusteuern (fahren)
- Hände auf die Knie
- Hände über den Kopf
- Mit Partner schrägfahren (Hände haltend)
- Handschuh während der Fahrt werfen und fangen

ZIELUBUNG

- Während der Fahrt wechselseitiges Belasten des vorderen und hinteren Fußes
- Tempo steigern
- Über Buckel fahren
- Gelände variieren

METHODISCHE HILFSMITTEL

- Eher flaches Gelände beim Lernen
- Harter griffiger Schnee

HAUPTFEHLER UND KORREKTUREN

Fehler:	Rücklage
Korrektur:	Flaches Gelände (flache Spur) – dadurch wird das Tempo nicht so hoch und der Schüler hat weniger Angst
Fehler:	Board wird zu wenig oder zu viel aufgekantet
Korrektur:	Bewußtes Aufkanten aus dem Sprunggelenk, Fersen nach unten (hinten) drücken

HAUPTFEHLER UND KORREKTUREN

Fehler:	Zu starkes Beugen in der Hüfte (Oberkörper kippt nach vorn, besonders bei Backside)
Korrektur:	Oberkörper aufrecht lassen, Hände am Körper anlegen
Fehler:	Zu starke Rücklage beim Frontside
Korrektur:	Vorderen Fuß stärker belasten, Oberkörper bleibt in Grundposition und dreht mit dem Board mit

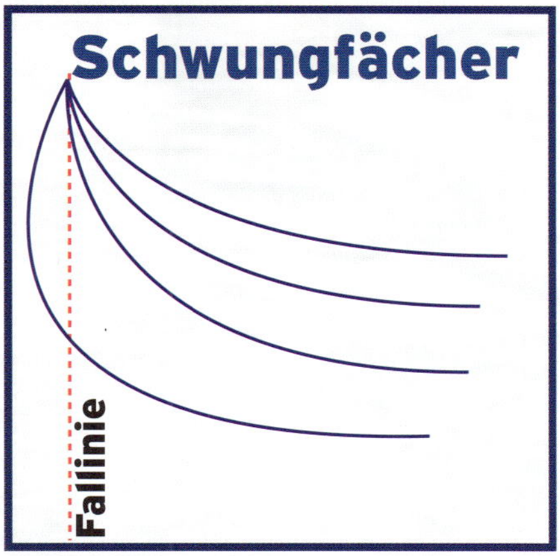

LEHR-/LERNZIEL

Dem Schüler wird das Gleiten entlang der Kante in Feinform beigebracht. Das Umkanten bei höherer Geschwindigkeit soll sicher beherrscht werden.

BEWEGUNGSBESCHREIBUNG

Das Board wird durch die stärkere Innenlage des Oberkörpers (Kippen) aufgekantet. Das Board wird entlang der Taillierung ohne abzudriften gefahren. Der Schüler steuert das Board auf der Kante. Nose und Tail verfolgen dabei die gleiche Spur.

VORAUSSETZUNGEN

- Erfahrung im Aufkanten des Boards
- Gleichgewichtsfähigkeit beim Fahren (Steueren) auf der Kante

VORÜBUNGEN

- Aus der Schrägfahrt durch Aufkanten Board zum Hang steuern
- Aus der steileren Schrägfahrt durch starkes Aufkanten Board zum Hang steuern
- Nahe der Fallinie durch starkes Aufkanten Board zum Hang steuern

ZIELÜBUNG

- Mit stärkerer Innenlage (Kippen) fahren
- Gelände variieren
- Tempo variieren

METHODISCHE HILFSMITTEL

- Mittelsteiler glatter Hang (keine Buckel)
- Harter griffiger Schnee

16 KIPPSCHWUNG

LEHR-/LERNZIEL

Beim geschnittenen Kippschwung soll das Aneinanderreihen geschnittener Schwünge (Carven) geübt werden, die durch seitliches Kippen des Körpers (Körperschwerpunktverlagerung seitlich) ausgelöst und gesteuert werden.

VORAUSSETZUNG

- Fahren mit höheren Geschwindigkeiten
- Beherrschung des Belastungswechsels (Kippen)
- Carven = Fahren entlang der Kante

BEWEGUNGSBESCHREIBUNG

Das Auslösen des Schwungs erfolgt über das seitliche Kippen des Körpers. Durch den direkten Kantenwechsel wird der Druck auf die zukünftigen Innenkante schon am Beginn der Steuerphase verstärkt. Das Board wird der Taillierung entlang gefahren, ohne dabei seitlich abzudriften.

VORÜBUNGEN

IM STAND

- Demonstration des Belastungswechsels
- Partnerübungen: Schüler wird beim wechselseitigen Aufkanten (Kippen = Hineinlegen) von zwei anderen festgehalten

NAHE DER FALLINIE

- **Eineinhalb-Schwung**
  Start nahe der Fallinie und durch stärkeres Aufkanten das Boards zum Hang steuern; Auslösen durch Kippen und Umkanten und dann das Board wieder zum Hang steuern
- Übung steigern, indem die Spur immer steiler angelegt wird

ZIELÜBUNG

- Aneinanderreihen der geschnittenen Schwünge „Carven"
- Spur des SB-Lehrers „geschnitten" fahren
- Radien variieren (durch stärkeres und schwächeres Kippen)
- Tempo variieren
- Bewegungsspiele (Hände am Körper – über Kopf, auf dem Rücken, Arme verschränkt, mit Stange fahren)
- Gelände variieren
- 360er (steile Anfahrt mit kesselförmigem flachem Auslauf)
- Rhythmus wechseln
- Schwünge über leichte Buckel
- Einzelschwung

METHODISCHE HILFSMITTEL

- Mittelsteiles Gelände
- Guter, griffiger Schnee
- Lange oder kurze Stangen
- Video

HAUPTFEHLER UND KORREKTUREN

Fehler:	Zu starke Rückenlage
Korrektur:	Fahren mit Stange, die der Schüler quer zur Fahrtrichtung halten soll (dadurch führt man den Schüler zu einer zentralen Position)
Fehler:	Board wird zu wenig oder zu viel aufgekantet
Korrektur:	Durch Gelände- und Tempovariation soll der Schüler das Gefühl für das richtige Belasten der Kanten bekommen. Auf ein Ziel steuern

fortbildung

LDUNG

1 Vorbemerkung

Ziel der Fortbildung ist es, dem zukünftigen Snowboardlehrer und der zukünftigen Snowboardlehrerin theoretisches und praktisches Wissen für den Fortgeschrittenenunterricht zu vermitteln.

Die Unterrichtseinheiten dieser Stufe führen vom Carven über das Fahren im Tiefschnee bis hin zum Technikprogramm.

2 KIPPSCHWUNG MIT KÖRPER KNICK

HOCH/TIEF

LEHR-/LERNZIEL

Ausgleichen der Kurveninnenlage durch den Körperknick (Hangausgleich)

BEWEGUNGSBESCHREIBUNG

Beim Kippschwung werden die Knie und das Becken zum Aufkanten des Boards zur Kurveninnenseite gedrückt, während der Rumpf zum Ausgleich in die entgegengesetzte Richtung (Kurvenaußenseite) geneigt wird.

VORAUSSETZUNGEN

- Gut gefestigte Grundposition
- Beherrschung des geschnittenen Schwunges

VORÜBUNGEN

IM STAND

- Demonstration des SB-Lehrers

IN DER SCHRÄGFAHRT

- Während der Schrägfahrt die Knie und das Becken über die Innenkante drücken, um das Board stärker aufzukanten (zum Ausgleich Körperknick anwenden); im Wechsel das Board aufkanten und flachstellen (mittels Körperknick)
- **Schwung zum Hang**
  Start nahe der Fallinie – durch die Dreh-Seitbeuge des Rumpfes (= Körperknick) den Aufkantwinkel des Boardes erhöhen – das Board wird zum Hang gesteuert
- **Eineinhalb-Schwung**
  Start nahe der Fallinie – umkanten – Schwung zum Hang mit Körperknick

ZIELÜBUNGEN

- Aneinanderreihen der Schwünge
- Radien variieren
- Gelände variieren
- Übungen mit dem Magic-Stick: – vor dem Körper – auf den Schultern – hinter dem Rücken
- Durch die Tore fahren

METHODISCHE HILFSMITTEL

- Mittelsteiler, glatter Hang
- Magic-Stick

HAUPTFEHLER UND KORREKTUREN

Fehler:	Zu starkes Beugen des Rumpfes nach vorne (Rumpfvorbeuge)
Korrektur:	Oberkörper aufrecht halten (Körperspannung)
Fehler:	„Frontside" mit dem Rumpf ohne Hangausgleich nach innen kippen
Korrektur:	Rumpf etwas mehr in die Fahrtrichtung gedreht lassen

3 HOCHENTLASTEN MIT SCHNEEKONTAKT

GESCHNITTEN

LEHR-/LERNZIEL

Gelernt wird das Auslösen der Schwünge über eine Hochentlastung aus der Mittelage. Das Board bleibt während des gesamten Schwunges in Schneekontakt.

VORAUSSETZUNG

Vertikalbewegung aus den Beinen während der Fahrt bei aufgekantetem Board

BEWEGUNGSBESCHREIBUNG

Das Auslösen erfolgt über eine Hochentlastung mit einem gleichzeitigen Flachstellen und Umkanten des Boards. Der Druck auf die zukünftige Innenkante wird durch ein dynamisches Tiefgehen (Tiefbelastung) allmählich verstärkt und bis zum Ende der Steuerphase erhöht. Das Board wird während des gesamten Schwunges „geschnitten" geführt.

VORÜBUNGEN

IM STAND

- Vertikalbewegungen aus den Beinen
- Demonstration der Hochentlastung mit gleichzeitigem Flachstellen und Umkanten des Boards und einer Tiefbelastung mit Druckaufbau in der Steuerphase
- Imitation der Hochentlastung eventuell mit Partnerhilfe
- Imitation der Hochentlastung mit geschlossenen Augen (inneres Bild)

AUS DER FALLINIE

- Während der Fahrt Tief- und Hochbewegungen aus den Beinen
- Leichte Sprünge während der Fahrt in der Fallinie

AUS DER SCHRÄGFAHRT

- Mit aufgekantetem Board Tief- und Hochbewegungen aus den Beinen
- Leichte Sprünge während der Schrägfahrt

- **Schwung zum Hang:** Board aufkanten und mit Tiefbelasten das Board zum Hang steuern
- Board aufkanten, mit Tiefbelasten das Board zum Hang steuern; zum Zeitpunkt des größten Steuerdruckes explosives Hochentlasten mit anschließendem Flachstellen des Boards
- **Girlande:** Aus der steilen Schrägfahrt durch Tiefbelasten das Board zum Hang steuern; durch explosives Hochentlasten – mit anschließendem Flachstellen des Boards – Board mit Richtung Fallinie eindrehen und dann durch Tiefbelasten steuern etc.
- **Eineinhalb-Schwung** Start nahe der Fallinie: Das Board ist aufgekantet. Während der Tiefbelastung wird das Board zum Hang gesteuert. Am Ende der Steuerphase wird durch aktives Strecken der Beine das Board entlastet, flachgestellt und umgekantet. Während der Tiefbelastung wird das Board wieder zum Hang gesteuert.

ZIELÜBUNGEN

- Aneinanderreihen der Schwünge
- Spurfahren
- Tempo variieren
- Gelände variieren
- Rhythmuswechsel
- Radien variieren
- Durch Tore fahren
- Schneebeschaffenheit variieren (Tiefschnee, Schlechtschnee)
- Einzelschwünge

METHODISCHE HILFSMITTEL

- Flaches Gelände
- Glatte Pisten
- Video
- Lange oder kurze Stangen

HAUPTFEHLER UND KORREKTUREN

Fehler: Timing: dem Schüler gelingt es nicht, den richtigen Abstoppunkt (Druckpunkt) zu spüren
Korrektur: Aus der Schrägfahrt Schwung zum Hang mit Tiefbewegung und Hochentlasten üben

Fehler: Zu viel Bewegung mit dem Oberkörper
Korrektur: Aus der Schrägfahrt Hoch-/Tiefbewegung aus den Sprung- und Kniegelenken üben

Fehler: Zu geringe Hochentlastung
Korrektur: Leichte Sprünge während der Schrägfahrt

Fehler: Zu geringe Tiefbewegung in der Steuerphase
Korrektur: Steuerphase mit dem Schwung zum Hang schulen

Fehler: Das Board driftet
Korrektur: Stärkeres Aufkanten des Boards über Sprung-, Knie- und Hüftgelenk

4 TIEFENTLASTEN MIT SCHNEEKONTAKT

GESCHNITTEN

LEHR-/LERNZIEL

Das Auslösen der Schwünge erfolgt über eine aktive Tiefbewegung aus der Mittellage. Das Board bleibt während des gesamten Schwunges in Schneekontakt.

VORAUSSETZUNG

Vertikalbewegungen (hoch – tief) aus den Sprung- und Kniegelenken während der Fahrt bei aufgekantetem Board

BEWEGUNGSBESCHREIBUNG

Das Auslösen erfolgt über eine Tiefbewegung mit einem gleichzeitigen Flachstellen und Umkanten des Boards. Der Druck auf die zukünftige Innenkante wird durch eine dynamische Hochbewegung (= langsames Strecken der Beine bis zur Ausgangsposition: (Mittellage) allmählich verstärkt und bis zum Ende der Steuerphase erhöht. Das Board wird während des gesamten Schwunges „geschnitten" geführt.

VORÜBUNGEN

IM STAND

- Demonstration der Tiefentlastung mit gleichzeitigem Flachstellen und Umkanten des Boards und einer Streckbewegung mit Druckaufbau in der Steuerphase
- Am Hang nach der Tiefbewegung das Board durch das Strecken der Beine talwärts drücken

AUS DER SCHRÄGFAHRT

- Tiefentlasten mit gleichzeitigem Flachstellen und Aufkanten des Boards, Board durch Strecken der Beine zum Hang steuern
- **Schwung zum Hang**
  Girlande: Aus der steileren Schrägfahrt in tiefer Position beginnend durch Strecken der Beine (= Hochbelasten) Board stärker aufkanten und zum Hang steuern; durch explosives Tiefentlasten mit anschließendem Flachstellen des Boards, Board in Richtung Fallinie eindrehen und dann durch Hochbelasten Board stark aufkanten und zum Hang steuern

NAHE DER FALLINIE

- **Schwung zum Hang**
  Tiefentlasten mit gleichzeitigem Aufkanten Board durch langsames Strecken der Beine (= Hochbelastung) zum Hang steuern
- **Eineinhalb-Schwung**
  Aus der Schrägfahrt in tieferer Position beginnen durch das Strecken der Beine (= Hochbelastung) Board zum Hang steuern; durch Tiefentlasten mit gleichzeitigem Flachstellen und Umkanten; Board durch das Strecken der Beine zum Hang steuern

Zielübungen

- Aneinanderreihen der Schwünge
- Spurfahren
- Tempo variieren
- Gelände variieren
- Rhythmuswechsel
- Radien variieren
- Durch Tore fahren (Fahren mit Magic-Stick, der vor dem Körper quer zur Fahrtrichtung gehalten wird)
- Einzelschwung

Hauptfehler und Korrekturen

Fehler: Zu starke Rücklage beim Umkanten
Korrektur: Arme in Fahrtrichtung über die „Nose", das Gewicht länger auf dem vorderen Fuß halten

Fehler: Zu schnelles Strecken der Beine in der Steuerphase
Korrektur: Schwung zum Hang üben – Rhythmuswechsel

Fehler: Hochbewegung erfolgt nicht über die Sprung- und Kniegelenke, sondern nur über das Hüftgelenk (Oberkörperbewegung)
Korrektur: Oberkörper aufrecht lassen, nur über Sprung- und Kniegelenk Vertikalbewegung ausführen

5 Beinspielschwung
geschnitten

Lehr-/Lernziel

Der Schüler lernt das Umkanten und Steuern über das Beinspiel (Sprung-, Kniegelenk) auszuführen.

Bewegungsbeschreibung

Aus der Grundposition wird das Umkanten durch aktive Bewegungen in Sprung- und Kniegelenk eingeleitet und das Board auf die Kante gekippt. Je nach Bedarf wird der Druck auf die Kante durch Vergrößern des Aufkantwinkels mit Hilfe des Beinspiels erhöht.

Voraussetzung

- Beweglichkeit im Sprung- und Kniegelenk
- Sicherheit bei höherer Geschwindigkeit
- Beherrschen des schnellen Belastungswechsels
- Beherrschen des Steuerns zum Hang („geschnitten")

Vorübungen

Im Stand

- Aufkanten aus Sprung- und Kniegelenk im Flachen; eventuell mit Partnerhilfe

Aus der Schrägfahrt

- „Scheibenwischer" (kontrolliertes und dynamisches Bewegen der Beine aus dem Sprung- und Kniegelenk) dynamisches Aufkanten und Flachstellen des Boards aus dem Sprunggelenk
- „Übergirlande" (während der Schrägfahrt Board flachstellen und dann wieder bergseitig aufkanten)
- „Übergirlande" steigern (während der Schrägfahrt Board flachstellen kurz talseitig aufkanten und dann wieder auf bergseitig umkanten)

Nahe der Fallinie

- „Banane" (kurzes, dynamisches, wiegenförmiges vorwärts und rückwärts steuern; durch aktives Beugen aus Sprung und Kniegelenk
- Abwechselndes schnelles Aufkanten und Flachstellen des Boards im flachen Gelände (nur Frontside)
- Abwechselndes schnelles Aufkanten und Flachstellen des Boards im flachen Gelände (nur Backside)
- Abwechselnd schnelles Aufkanten und Flachstellen durch Beinspiel (Sprung- und Kniegelenk), Frontside und Backside im Wechsel
- Dynamisches, schnelles Umkanten durch Beinspiel
- Dynamisches, schnelles Umkanten durch Beinspiel, dabei kürzere Steuerphasen machen
- Schnelleres Umkanten

ZIELÜBUNGEN

- Zielübungen
- Tempo variieren
- Gelände variieren
- Vertikale aus „Stubbies" durchfahren
- Bewegungsfrequenz steigern
- Bewegungsspiele (Hände auf Knie, auf den Rücken)

METHODISCHE HILFSMITTEL

- Flaches Gelände
- Glatte Piste
- „Stubbies"
- Akustische Hilfe

HAUPTFEHLER UND KORREKTUREN

Fehler: Unruhiger Oberkörper
Korrektur: Hände in Fahrtrichtung (Fallinie) halten

Fehler: Zu wenig Beinspiel
Korrektur: Bewegung aus Sprung- und Kniegelenk machen (Beinspielgirlande)

Fehler: Zu lange Steuerphase
Korrektur: Fahren mit Rhythmushilfe (Zuruf durch Snowboardlehrer, oder Schüler gibt sich selbst den Rhythmus)

Fehler: Rückenlage
Korrektur: Grundposition einnehmen, Arme in Fahrtrichtung halten (flaches Gelände)

6 KURZSCHWINGEN

6.1. Kurzschwingen mit Hochentlasten

LEHR-/LERNZIEL

Der Schüler lernt über die Vertikalbewegung zum Druckaufbau zu kommen und die Radien so stark als möglich zu verkürzen.

VORAUSSETZUNGEN

- Dynamik im Sprung- und Kniegelenk
- Beherrschen des Druckwechsels

BEWEGUNGSBESCHREIBUNG

Das Auslösen erfolgt über eine Hochentlastung mit einem gleichzeitigen Umkanten des Boards. Der Druck auf die zukünftige Innenkante wird durch ein starkes dynamisches Tiefgehen (Tiefbelastung) in der kurzen Steuerphase erhöht. Durch Vergrößern des Aufkantwinkels wird der Kantenabstoß (Hochbelastung) verstärkt.

ZIELÜBUNGEN

- Schwünge aneinanderreihen
- Radien variieren
- Tempo variieren
- Gelände variieren
- Bewegungsfrequenz steigern

VORÜBUNGEN

IM FAHREN ÜBER DIE GANZHEITSMETHODE:

- Driftschwung mit Hochentlasten rhythmisch verkürzen im flachen Gelände (Trichtern)
- Driftschwung mit Hochentlasten rhythmisch verkürzen vom flachen ins mittelsteile Gelände (Trichtern)
- Driftschwung mit Hochentlasten rhythmisch verkürzen bis man nur noch in der Fallinie kurz schwingt vom flachen ins mittelsteile Gelände (Trichtern)
- Driftschwung mit Hochentlasten rhythmisch verkürzen mit verstärktem Aufkantwinkel (Druckpunkt suchen mit Beugen und gleichzeitigem Aufkanten)

IM STAND ÜBER DIE TEILMETHODE

- Demonstration der Bewegung (Beugen in Sprung- und Kniegelenk, dabei Board flacher stellen, unter dem Körper seitlich wegdrehen, dann durch abruptes Aufkanten das Wegdriften stoppen)
- Imitation der Bewegung
- Visualisieren der Bewegung (inneres Bild)

AUS DER SCHRÄGFAHRT:

Alle Übungen aus erhöhter Mittellage

- „Rutschtreppe" (Stop and Go mit starker Vertikalbewegung)
- „Rutschgirlande" (mit „stop and go"; bei „stop" bewußt vom Steuerdruck beugen lassen)

SCHWUNG ZUM HANG

- Mit abruptem Stopp bei Markierung oder Zuruf und anschließender starker Vertikalbewegung zum Druckaufbau – starkes Aufkanten!!!
- Schwung zum Hang mit Kantenabstoß in die Spur nach dem Abstoppen und dem damit verbundenen Druckaufbau vom gut aufgekanteten Board in die Anfahrtsspur zurückspringen
- Schwung zum Hang mit Kantenabstoß aus der Spur wie die Übung vorher, allerdings über die Anfahrtsspur springen
- **Sprunggirlande**
  Vorhergehende Übungen aneinanderreihen

METHODISCHE HILFSMITTEL

- Flaches Gelände mit Übergang in mittelsteiles Gelände
- Glatte Piste
- Akustische Hilfe

HAUPTFEHLER UND KORREKTUREN

Fehler:	Unruhiger Oberkörper
Korrektur:	Hände in Fahrtrichtung (Fallinie) halten
Fehler:	Zu wenig Aufkantwinkel (Druckpunkt fehlt)
Korrektur:	Dynamische Bewegung aus Sprung- und Kniegelenk und Aufbau des Druckpunktes über die Vergrößerung des Aufkantwinkels (Sprunggirlande)
Fehler:	Zu lange Steuerphase
Korrektur:	Fahren mit Rhythmushilfe (Zuruf durch Snowboardlehrer, oder Schüler gibt sich selbst den Rhythmus)
Fehler:	Rückenlage
Korrektur:	Grundposition einnehmen, Arme in Fahrtrichtung (flaches Gelände)

6.2. Kurzschwingen aus der Mittellage

LEHR-/LERNZIEL

Der Schüler lernt das Kurzschwingen mit aktivem Beinspiel aus der Mittellage. Das Board pendelt dabei unter dem Körper hin und her.

BEWEGUNGSBESCHREIBUNG

Das Auslösen erfolgt über aktives Beinspiel, nachdem durch Erhöhen des Aufkantwinkels ein Druck erzeugt wurde. Dieser Impuls wird ausgenützt, um das Board aktiv unter dem Rumpf pendelnd umzukanten und in die neue Schwungrichtung anzudrehen. Der Druck auf die zukünftige Innenkante wird durch ein dynamisches Strecken der Beine (Hochbelastung) in der kurzen Steuerphase erhöht.
Durch Vergrößern des Aufkantwinkels wird der Kantenabstoß (Impuls) verstärkt.

VORAUSSETZUNGEN

- Dynamik im Sprung- und Kniegelenk
- Sicheres Beherrschen des Kurzschwingens mit Hochentlasten
- Beherrschen des Druckwechsels

VORÜBUNGEN UND ZIELÜBUNGEN

Können aus dem Kurzschwingen mit Hochentlasten entnommen werden; das Hauptaugenmerk liegt beim Abbau der Vertikalbewegung

- Arme in tiefer Position zur Stabilisierung
- Vertikalbewegung nur aus Sprung- und Kniegelenk
- Ganzkörperbewegung abbauen

7 TIEFSCHNEETECHNIK

LEHR-/LERNZIEL

Der Schüler erlernt das Befahren von unpräparierten Hängen und Pisten jeglicher Art. Die Belastung geht mehr auf das hintere Bein, ohne dabei in Rückenlage zu geraten. Das Tempo muß hoch genug sein, um die Nose aus dem Schnee zu bringen (Erreichen des „Surffeelings"). Das Tempo, der Rhythmus und die Radien sind den Schneeverhältnissen und dem Gelände anzupassen. Ausloten eines neuen, etwas veränderten DYNAMISCHEN GLEICHGEWICHTS.

BEWEGUNGSBESCHREIBUNG

Je nach Schneebeschaffenheit und Gelände werden verschiedene Schwungformen angewendet.

VORAUSSETZUNGEN

- Gutes Gleichgewicht
- Gute Kondition (Kraftausdauer)
- Beherrschen des Kippschwunges, Beinspielschwunges und der Schwünge mit Hoch- und Tiefentlasten

VORÜBUNGEN

AUS DER FALLINIE

(nach Möglichkeit im Übungstiefschnee mit hartem Untergrund)

- Gleiten in der Fallinie in Grundposition
- Gewöhnung an das höhere Tempo = besserer Auftrieb
- Pendeln vor/zurück, Finden der optimalen Gewichtsverteilung
- Gleiten in der Fallinie mit Beugen und Strecken der Beine
- Richtungsspringen („Kanguruh Turn")

SCHWUNG ZUM HANG

- Start in der Fallinie mit höherem Tempo; zuerst der Versuch des Hochentlastens, später des Tiefentlastens (Gefahr, daß die Nose gräbt!)

ZIELÜBUNGEN

- Aneinanderreihen der Schwünge
- Schwingen mit bewußtem Pendeln aus der „Dreh-Rücklage" und der „Steuer-Mittellage"
- Gelände variieren
- Tempo variieren
- Bei höherem Tempo Beine beugen und streckend drehen
- Bei noch höherem Tempo Beine beugen „lassen"
- Gewöhnung an das höhere Tempo (möglichst wenig Schwünge)
- Radien variieren
- Ruhiges Führen des Rumpfes
- Rhythmuswechsel
- Schneebeschaffenheit variieren (tieferer Schnee, Schlechtschnee)

METHODISCHE HILFSMITTEL

- Geländewahl
- Leichter Pulverschnee
- Im Übungstiefschnee (harter Untergrund mit einer ca. 30 cm dicken Neuschneeauflage)

HAUPTFEHLER UND KORREKTUREN

Fehler:	Timing
Korrektur:	Akustische oder optische Hilfsmittel
Fehler:	Zu viel Rückenlage
Korrektur:	Rückenlage nur so weit, daß die Schaufel (Nose) nicht gräbt, optimales Tempo vorgeben
Fehler:	Bei Schlechtschnee zu starkes Aufkanten des Boards
Korrektur:	Versuchen, eher gedriftet zu fahren
Fehler:	Zu niedriges Tempo (Nose gräbt sich ein, zu hoher Schneewiderstand)
Korrektur:	Schußfahrtübungen wiederholen
Fehler:	Zu viele Bewegungen aus dem Oberkörper
Korrektur:	Schwungfächer

ANMERKUNG: Die Schneeverhältnisse bestimmen die Technik, mit der im Tiefschnee gefahren wird.
BEI PULVERSCHNEE: Tiefentlasten mit Streckdrehen, Kippschwünge (bei höheren Geschwindigkeit)
BEI SCHLECHTSCHNEE: Hochentlasten (sehr anstrengend)

Meisterstufe

RSTUFE

HOCHENTLASTEN

1.1. Hochentlasten ohne Schneekontakt (geschnitten)

LEHR-/LERNZIEL

Durch eine aktive Vertikalbewegung (Hochbelastung) wird eine Entlastungsphase Hochentlastung) erzeugt, in der das Umkanten ohne Schneekontakt erfolgen kann.

VORAUSSETZUNGEN

Aktiver Kantenabdruck bei größtmöglichem Steuerdruck. Nur bei aufgekantetem Board kann die Vertikalbewegung optimal als Drehhilfe für den nächsten Schwung ausgenützt werden.

BEWEGUNGSBESCHREIBUNG

Das Board wird mit einer aktiven vertikalen Hochbewegung ohne Schneekonkakt umgekantet. Der Druck wird auf die Innenkante durch eine dynamische Tiefbewegung verstärkt. Bei größtem Steuerdruck wird am Ende der Tiefbewegung der nächste Schwung durch eine aktive Hochbewegung ausgelöst.

VORÜBUNGEN

IM STAND

- Leichte Sprünge im Stand bei wechselseitiger Belastung der Kante (Frontside – Backside)

AUS DER SCHRÄGFAHRT

- Aus der Schrägfahrt in eine höhere Spur springen
- Schwung zum Hang (In der Steuerphase vom Steuerdruck beugen lassen, am Punkt höchsten Steuerdruckes – Timing!!! – folgt eine aktive Hoch- und Diagonalbewegung schwungeinwärts.)

AUS DER FALLINIE

- Start aus der Fallinie. Board aufkanten, langsam tiefgehen, Board zum Hang steuern. Am Ende der Steuerphase bei größtmöglichem Steuerdruck, Board durch eine explosive, vertikale Hochbewegung entlasten und bei gleichzeitigem Flachstellen des Boards zum Hang springen.
- **Eineinhalb-Schwung**: Start in der Fallinie. Board aufkanten, langsam tiefgehen, Board zum Hang steuern. Am Ende der Steuerphase bei größtmöglichem Steuerdruck Board durch eine explosive, vertikale Hochbewegung entlasten und Board ohne Schneekontakt umkanten. Schwung aussteuern.

ZIELÜBUNGEN

- Schwünge aneinanderreihen
- Hintereinanderfahren
- Tempo steigern
- Radien verkleinern
- Geländewechsel
- Schwünge mit Rhythmuswechsel
- Im steilen Gelände versuchen, Schwünge anzudriften und Board wieder ohne Schneekontakt zu drehen

METHODISCHE HILFSMITTEL

- Mittelsteile, glatte Piste
- Nicht zu harte Schneeverhältnisse

HAUPTFEHLER UND KORREKTUREN

Fehler:	Zu viel Bewegung mit dem Oberkörper
Korrektur:	Bewegungsablauf wiederholen und mit Einzelschwüngen noch einmal schulen
Fehler:	Der Impuls, der beim Steuerdruck entsteht, wird zu wenig zum Umkanten ausgenützt = Timing
Korrektur:	Durch Spur- und Richtungsvorgabe Abstoßpunkt vorgeben
Fehler:	Zu starke Oberkörperrotation beim Umkanten
Korrektur:	Übungen mit Magic-Stick fahren

1.2. Jump Turn

LEHR-/LERNZIEL

Durch die schnelle Vergrößerung des Aufkantwinkels am Ende der Steuerphase wird ein starker Druck aufgebaut; den dadurch erzeugten Impuls nützt man zum Umkanten.

BEWEGUNGSBESCHREIBUNG

Das Auslösen erfolgt über einen Impuls, der durch ein kurzes Aufkanten des Boards am Ende der Steuerphase entsteht. Durch diesen Impuls wird die Entlastung ausgelöst. Das Umkanten erfolgt in der Luft. Der Druck auf die zukünftige Innenkante wird durch eine dynamische Tiefbewegung verstärkt und am Ende der Steuerphase durch das Beinspiel (= aktives Aufkanten) so erhöht, daß das Board eine Spannung aufbaut, die den Snowboarder aus dem Schnee regelrecht herauskatapultiert.

VORAUSSETZUNGEN

- Beinspieltechnik
- Direkter Kantenwechsel
- Kurzes, schnelles Aufkanten in der Steuerphase

VORÜBUNGEN

IM STAND

- Demonstration des Beinspiels
- Imitation durch den Schüler
- Visualisieren = innere Bilder schaffen

AUS DER SCHRÄGFAHRT

- Anfahrt in tiefer Mittellage, schnelles Aufkanten aus dem Sprunggelenk
- **Girlande:** In einer steileren Spur losfahren. Board durch kurzes, schnelles Aufkanten zum Hang steuern (Beinspiel). Nach dem Aufkanten Board immer wieder kurz flach stellen.
- **Schwung zum Hang:** In einer steileren Spur losfahren. Sich vom Steuerdruck beugen lassen, am Ende der Steuerphase schnelles, dynamisches Aufkanten aus dem Sprunggelenk. Das Resultat dieses Bewegungsablaufes bleibt für den Schüler offen, erhofftes Resultat ist ein flachgestelltes Board bei der „Landung". Übung wiederholen, bis der Impuls ein Umkanten bewirkt.
- **Sprunggirlande:** Steilere Anfahrt. Board aufkanten, zum Hang steuern. Durch kurzes, stärkeres Aufkanten am Ende der Steuerphase wird der Steuerdruck erhöht. Eine Streckbewegung der Beine entlastet das Board. Beim Hochspringen flachstellen, Bewegungsablauf mehrere Male wiederholen.

AUS DER FALLINIE

- Leichte Sprünge von Frontside auf Backside aus der Fallinie
- Sprünge von Frontside auf Backside aus der Fallinie stärker seitlich versetzt (Board quer zur Fahrtrichtung stellen)
- Steigern bis zur fertigen Form (Impuls, der das Umkanten bewirkt)

ZIELÜBUNGEN

- Aneinanderreihen von Jump-Turns
- Radien variieren (wobei die Radien nicht zu groß gewählt werden sollten)
- Radien konstant halten
- Druckaufbau variieren
- Rhythmuswechsel
- **Känguruh-Turn:** Es werden längere Schwünge gefahren, wobei das Board nach jedem Schneekontakt durch Beugen und Strecken der Beine stark entlastet und dadurch aus dem Schnee gehoben wird.

METHODISCHE HILFSMITTEL

- Mittelsteile, glatte Piste
- Nicht zu harte Schneeverhältnisse

HAUPTFEHLER UND KORREKTUREN

Fehler: Zu viel Bewegung mit dem Oberkörper
Korrektur: Bewegungsablauf wiederholen und vordere Hand über Boardspitze halten

Fehler: Wenig Steuerdruck durch zu geringes Umkanten
Korrektur: Durch Spur- und Richtungsvorgabe, Abstoßpunkt (= Timing) vorgeben

Fehler: Zu starke Oberkörperrotation beim Umkanten
Korrektur: Übungen mit Magic-Stick

1.3. Hochentlasten mit Beschleunigung und Schneekontakt

LEHR-/LERNZIEL

Beschleunigen des Boards durch einen Belastungswechsel (Körperschwerpunkt (KSP)-Verlagerung) nach hinten, nachdem der Schwung über eine Hochbewegung ausgelöst wurde.

BEWEGUNGSBESCHREIBUNG

Das Board wird am Ende der Steuerphase unter dem Körper nach vorne beschleunigt. Dabei wird der Körperschwerpunkt über das hintere Bein gebracht und das Board durch ein schnelles Verschieben der Unterschenkel in Fahrtrichtung beschleunigt. Unmittelbar nach dem „Beschleunigen" erfolgt das Entlasten durch das Verlangsamen oder Abstoppen der explosiven, diagonalen Hochbewegung. Dabei wird der Körperschwerpunkt wieder über das vordere Bein und die zukünftige Innenkante gebracht.

VORAUSSETZUNGEN

- Fertigkeiten im Druckaufbau während der Tiefbelastung in der Steuerphase
- Direkter Kantenwechsel
- Pendelbewegung des Oberkörpers vor und zurück

ZIELÜBUNGEN

- Schwünge aneinanderreihen
- Hintereinanderfahren
- Tempo steigern
- Gelände variieren
- Schwünge mit Rhythmuswechsel ausführen

VORÜBUNGEN

IM STAND

- Demonstration der KSP-Verlagerung und dem nach vorne Schieben der Unterschenkel unter dem Rumpf
- In leicht konkavem Gelände explosives Vorschieben der Beine unter dem Rumpf
- Übungen an der Haltestange (Startsimulation)
- Im Flachen durch das Vorschieben der Unterschenkel das Board nach vorne bringen – „Raupe"

AUS DER SCHRÄGFAHRT

- Während der Fahrt „Nose" durch schnelle KSP-Verlagerung nach hinten aus dem Schnee ziehen

AUS DER FALLINIE

- Während der Schußfahrt im sanft geneigten Gelände explosives Vorschieben der Beine unter dem Rumpf (KSP-Verlagerung über das hintere Bein) – Nose aus dem Schnee ziehen

SCHWUNG ZUM HANG

- Anfahrt in erhöhter Mittellage. Tiefbewegung zum Aufbau des Steuerdrucks – am Punkt höchsten Steuerdrucks Board unter dem Rumpf durchschieben mit darauffolgender, aktiver Hoch- und Diagonalbewegung schwungeinwärts
- Anfahrtsspur in Richtung Fallinie steigern – höheres Tempo – größerer Steuerdruck – explosivere Beschleunigung
- **Eineinhalb-Schwung**: Start in der Fallinie. Board aufkanten, langsam tiefgehen, Board zum Hang steuern. Am Ende der Steuerphase Board in Fahrtrichtung beschleunigen, hochentlasten, umkanten und Board wieder zum Hang steuern.

METHODISCHE HILFSMITTEL

Flaches Gelände

HAUPTFEHLER UND KORREKTUREN

Fehler: Timing
Korrektur: Akustische oder optische Hilfsmittel

Fehler: Zu wenig starke Kippbewegung des Körpers diagonal über das Board
Korrektur: Pendelbewegung des Körpers diagonal zum Auslösen von Kippschwüngen

Fehler: Zu geringe Gewichtsverlagerung nach hinten in der Steuerphase = Beschleunigung fehlt
Korrektur: Steuerphase schulen (z. B. Schwung zum Hang mit Belastungswechsel – zurück und vor)

Fehler: Das Board driftet
Korrektur: Stärkeres Aufkanten des Boards über Sprung-, Knie- und Hüftgelenk

1.4. Hochentlasten mit Beschleunigung ohne Schneekontakt „OLLI"

LEHR-/LERNZIEL

Beschleunigen des Boards durch Belastungswechsel (KSP-Verlagerung) nach hinten über den „OLLI", nachdem der Schwung durch eine Hochbewegung ausgelöst wurde.

BEWEGUNGSBESCHREIBUNG

Das Auslösen erfolgt über eine aktive Hochbewegung über das hintere Bein mit gleichzeitigem Kippen des Körpers (KSP-Verlagerung) diagonal über das Board in die Fallinie. Das Umkanten erfolgt in der Luft. Der Druck auf die zukünftige Innenkante wird durch eine zunehmende dynamische Tiefbelastung nach hinten bis zum Ende der Steuerphase verstärkt, so daß das Board unter dem Körper in Fahrtrichtung beschleunigt wird. Das Auslösen des nächsten Schwunges beginnt mit dem Bewegungsablauf eines „OLLI".

VORAUSSETZUNGEN

- Fertigkeiten im Druckaufbau während der Tiefbelastung in der Steuerphase
- Direkter Kantenwechsel
- Beherrschung des „Olli"
- Belastungswechsel vor und zurück
- Belastungswechsel diagonal über das Board
- Hochentlasten mit Beschleunigung

VORÜBUNGEN

IM STAND

- Demonstration des „Olli" im flachen Gelände

AUS DER FALLINIE

- Während der Fahrt Pendelbewegung des Oberkörpers vor/zurück
- Belastungswechsel auf das hintere Bein (Nose hebt sich aus dem Schnee)
- „Ollis" während der Fahrt

SCHWUNG ZUM HANG

- **Eineinhalb-Schwung**

ZIELÜBUNGEN

- Aneinanderreihen der Schwünge
- Spur des SB-Lehrers nachfahren
- Radien variieren
- Rhythmuswechsel
- Gelände variieren
- Tempo variieren
- Durch Tore fahren

METHODISCHE HILFSMITTEL

- Zuerst große Radien im flachen Gelände
- Stangen

HAUPTFEHLER UND KORREKTUREN

Fehler: Timing (Beschleunigung über den hinteren Fuß erfolgt im letzten Drittel der Steuerphase)
Korrektur: Akustische oder optische Hilfsmittel

Fehler: Zu wenig Pendelbewegung des Körpers diagonal (= Belastungswechsel) über das Board
Korrektur: Pendelbewegung des Körpers diagonal zum Auslösen von Kippschwüngen

Fehler: Zu geringe Tiefbewegung nach hinten in der Steuerphase => Beschleunigung fehlt
Korrektur: Steuerphase schulen (z. B Schwung zum Hang mit Pendelbewegung des Körpers vor und zurück)

Fehler: Das Board driftet
Korrektur: Stärkeres Aufkanten des Boards über Sprung-, Knie- und Hüftgelenk

Fehler: Schüler bleibt meist nach Entlastung auf dem hinteren Bein
Korrektur: Pendelbewegung des Körpers diagonal über das Board nach der Entlastung

2 Tiefentlasten mit Beschleunigung

LEHR-/LERNZIEL

Aus der Mittellage wird das Board durch eine Körperschwerpunktsverlagerung nach hinten unten beschleunigt, nachdem der Schwung durch eine Tiefentlastung ausgelöst wurde.

BEWEGUNGSBESCHREIBUNG

Das Auslösen erfolgt über ein Tiefentlasten. Nach dem Umkanten wird der Kantendruck durch das Strecken der Beine (Hochbelasten) erhöht. Am Ende der Steuerphase schnelle KSP-Verlagerung nach hinten unten (auf das hintere Bein). Das Board wird dadurch unter dem Körper durchgeschoben und umgekantet. – Je schneller und explosiver die KSP-Verlagerung durchgeführt wird, umso mehr wird das Board beschleunigt.

VORAUSSETZUNGEN

- Schnelle KSP-Verlagerung nach hinten unten
- Schnelles und aktives Arbeiten mit den Beinen (Beinspiel)

VORÜBUNGEN

IM STAND

- Erklärung und Demonstration der Bewegung durch den Lehrer (der Körperschwerpunkt wird nach hinten unten verlagert und die Unterschenkel werden unter dem Rumpf nach vorne geschoben)
- Imitation durch den Schüler
- Visualisieren = innere Bilder schaffen
- KSP-Verlagerung nach hinten unten – Ausholbewegung nach vorne, explosives Vorschieben der Beine unter den Rumpf
- Die gleiche Übung in leicht konkavem Gelände
- Die gleiche Übung mit Hilfe von Startstangen
- Versuch einer Vorwärtsbewegung im Flachen („Raupe")

AUS DER FALLINIE

- Während der Schußfahrt Unterschenkel mehrmals unter dem Rumpf durchschieben
- Während der Fahrt schnelle KSP-Verlagerung nach hinten unten auf das hintere Bein und versuchen, „Nose" aus dem Schnee zu ziehen

AUS DER SCHRÄGFAHRT SCHWUNG ZUM HANG

- Anfahrt in tiefer Mittellage. Zum Aufbau des Steuerdrucks Beine aktiv strecken (Hochbelasten). Am Ende der Steuerphase, bei höchstem Steuerdruck, Board unter dem Körper durchschieben und den Körperschwerpunkt diagonal schwungeinwärts bringen (erhofftes Resultat: Umkanten)
- Steigerung der Anfahrtsspur in Richtung Fallinie
- Höheres Tempo – größerer Steuerdruck – größere Körperspannung – bessere Beschleunigung

AUS DER FALLINIE

- **Eineinhalb-Schwung**: Start in der Fallinie. Tiefgehen, aufkanten und durch das Strecken der Beine (Hochbelasten) Board zum Hang steuern. Am Ende der Steuerphase KSP-Verlagerung nach hinten unten (auf das hintere Bein), Board unter dem Körper durchschieben und den Körper (Körperschwerpunkt) diagonal schwungeinwärts bringen.

ZIELÜBUNG

- Schwünge aneinanderreihen
- Schwünge mit Rhythmuswechsel
- Schwünge auslösen, mit und ohne Schneekontakt
- Gelände variieren
- Durch Tore fahren
- Übungen mit Magic-Stick (quer zur Fahrtrichtung, am Rücken – vor dem Oberkörper – auf den Schultern halten)
- Schwünge in der Buckelpiste

METHODISCHE HILFSMITTEL

Große Buckel, Geländekamm

HAUPTFEHLER UND KORREKTUREN

Fehler:	Zu viel Bewegung aus dem Oberkörper
Korrektur:	Oberkörper aufrecht halten - in den Sprung- und Kniegelenken beugen
Fehler:	Zu lange das Gewicht auf dem hinteren Bein
Korrektur:	Auslösen mit Girlanden wiederholen
Fehler:	Zu starke Rotationsbewegung des Oberkörpers
Korrektur:	Übungen mit Magic-sticks

3.1. Vitelli Turn (nach Serge Vitelli einem Ex-Rennläufer der ISF-Tour benannt)

LEHR-/LERNZIEL

Der Schüler lernt in Extremschräglagen zu fahren. Dabei wird der Körperschwerpunkt möglichst weit von der belasteten Kante entfernt, und dennoch wird das Board auf der Kante geführt. Die Hüfte sollte dabei dem Boden möglichst nahe kommen. Der Schüler lernt, mit den Kräften zu spielen, und spürt die Bremswirkung durch Ganzkörperschneekontakt.

BEWEGUNGSBESCHREIBUNG

Die Hüfte und der Oberkörper werden in Fahrtrichtung gedreht (Plus-Stellung). Dann nimmt man soviel Innenlage, bis die Hüfte den Schnee streift. Der Oberkörper wird leicht nach vorne gebeugt und die kurveninnere Hand wird nach vorne ausgestreckt. Als Massenausgleich dient die andere Hand.

VORAUSSETZUNGEN

Die Grundlagen für alle Schwungformen des Fun-Boardings sind das Beherrschen der verschiedenen Bausteine (Rumpf, Körperschwerpunkt, Gelenke und Muskeln, Füße) und ihrer Kombinationen.

VORÜBUNGEN

IM STAND

- Demonstration des Bewegungsablaufes siehe Bewegungsbeschreibung
- Imitation durch den Schüler
- Visualisieren = innere Bilder schaffen

IM LIEGEN

- Stellung der Körperteile zueinander erklären
- Körperspannung durch Anspannen der Bauchmuskeln erzeugen und diese Körperspannung auch halten

AUS DER SCHRÄGFAHRT

- **Schwung zum Hang** im flachen Gelände beginnen und besonders auf die „Plus-Stellung" achten

AUS DER FALLINIE

mit Backside-Schwung beginnen

- **Eineinhalb-Schwung**: Start in der Fallinie. Aufkanten, Schwung zum Hang steuern. Das Umkanten erfolgt über den Belastungswechsel, indem der Körperschwerpunkt vertikal und diagonal schwungeinwärts gekippt wird (Kippbewegung).

VORÜBUNGEN

IM STAND

- Demonstration des Bewegungsablaufes siehe Bewegungsbeschreibung
- Imitation durch den Schüler
- Visualisieren = innere Bilder schaffen

IM LIEGEN

- Stellung der Körperteile zueinander erklären
- Körperspannung durch Anspannen der Bauchmuskeln erzeugen und diese Körperspannung auch halten

AUS DER SCHRÄGFAHRT

- **Schwung zum Hang** im flachen Gelände beginnen und besonders auf die „Plus-Stellung" achten. Beide Hände schwungeinwärts vor dem Körper nach vorne strecken

AUS DER FALLINIE

mit Backside-Schwung beginnen

- **Eineinhalb-Schwung**: Start in der Fallinie. Aufkanten, Schwung zum Hang steuern. Das Umkanten erfolgt über den Belastungswechsel, indem der Körperschwerpunkt vertikal und diagonal schwungeinwärts gekippt wird.

BEWEGUNGSBESCHREIBUNG

Die Hüfte und der Oberkörper werden in Fahrtrichtung gedreht (Plus-Stellung). Dann nimmt man soviel Innenlage, bis die Hüfte den Schnee streift. Der Oberkörper wird leicht nach vorne gebeugt und beide Hände werden nach vorne (vor dem Körper) schwungeinwärts zum Berg ausgestreckt.

3.3. Jumped Double Touch

BEWEGUNGSBESCHREIBUNG

Diese Schwungform ist eine Steigerung des Double Touch. Die Hüfte und der Oberkörper werden in Fahrtrichtung gedreht (Plus-Stellung, siehe „5 Technikprogramm"). Der Belastungswechsel erfolgt durch eine aktive Hochbewegung mit anschließender diagonaler Bewegung schwungeinwärts. Dabei wird mit Zuhilfenahme der Arme in der Luft umgekantet. Während der Steuerphase nimmt man soviel Innenlage, bis die Hüfte den Schnee streift. Der Oberkörper wird leicht nach vorne gebeugt und beide Hände werden nach vorne (vor dem Körper) schwungeinwärts zum Berg ausgestreckt.

3.4 China Turn

BEWEGUNGSBESCHREIBUNG

Diese Schwungform ist eine Steigerung des Double Touch. Die Hüfte und der Oberkörper werden in Fahrtrichtung gedreht (Plus-Stellung). Der Belastungswechsel erfolgt durch eine aktive Hochbewegung mit anschließender diagonaler Bewegung schwungeinwärts. Dabei wird mit Zuhilfenahme der Arme in der Luft umgekantet. Während der Steuerphase nimmt man soviel Innenlage, bis die Hüfte den Schnee streift. Der Oberkörper wird leicht nach vorne gebeugt und beide Hände werden nach vorne (vor dem Körper) schwungeinwärts zum Berg ausgestreckt. Dabei wird der Kopf bis zum Schneekontakt zwischen die Hände gebeugt. „EAT OR BEAT THE SNOW".

VORÜBUNGEN

IM STAND

- Demonstration des Bewegungsablaufes siehe Bewegungsbeschreibung
- Imitation durch den Schüler, ev. mit Partnerhilfe
- Visualisieren = innere Bilder schaffen

AUS DER SCHRÄGFAHRT

- **Schwung zum Hang**: langsames Beugen bis die Außenhand die Kante berührt

AUS DER FALLINIE

mit Backside-Schwung beginnen

- **Eineinhalb-Schwung**

BEWEGUNGSBESCHREIBUNG

Geschnittene Schwünge mit extrem tiefer Grundposition (Körperknick). Die äußere Hand greift an die talseitige Kante.

Buckelpiste

LEHR-/LERNZIEL

Der Schüler erlernt die Ausgleichstechnik (Beugen, Strecken, Drehen) und das sichere, bewegungsbereite, dem Gelände angepaßte Schwingen.

VORAUSSETZUNGEN

Die Buckelpistentechnik erfordert eine gute Kraftausdauer und ein ausgeprägtes dynamisches Gleichgewichtsgefühl. Ein weiterer leistungsbestimmender Faktor ist das Reaktionsvermögen.

VORÜBUNGEN

AUF GLATTER PISTE

- Wiederholung von Driftschwung mit Tiefentlasten mit Frequenzsteigerung (schnelles Beugen und Strecken der Beine)
- Wiederholung der „Streckschubgirlande"
- Steigerung bis Kurzschwingen mit Tiefentlasten

IN WELLIGEM GELÄNDE

- In der Fallinie Schußfahrt über Wellen (Ausgleichstechnik aus den Beinen)
- Über die Wellen schwingen (Arme als Hilfe zum Verwinden – „Die Arme sind der Stockeinsatz des Snowboarders")
- In der Schrägfahrt über mehrere Buckel (Ausgleichsbewegung, Pendeln und die Beweglichkeit der Gelenke schulen)
- Schrägfahrt über Buckel ohne Ausgleichsbewegung (Erfühlen des Unterschiedes)
- Streckschubgirlande über Buckel
- Einzelschwung über Einzelbuckel (Aufbau bis zur Fallinie)
- Langsam über einzelne Buckel schwingen

ANMERKUNG:

Das Tempo wird höher, wenn
man näher der Fallinie schwingt,
das Board weniger quergestellt wird,
man das Board weniger aufkantet,
man schneller ausgleicht und richtig belastet.

BEWEGUNGSBESCHREIBUNG

Anfahrt auf einen Buckel. Die Beine am Buckel beugen lassen und am Scheitel des Buckels mit gebeugten Beinen Board andrehen, umkanten und durch Strecken der Beine weiterdrehen.

ZIELÜBUNGEN

- Aneinanderreihen der Schwünge
- Gelände variieren
- Tempo variieren
- Gewöhnung an das höhere Tempo (möglichst wenig Schwünge)
- Radien variieren
- Ruhiges Führen des Rumpfes
- Rhythmuswechsel
- Schneebeschaffenheit variieren (weich, hart oder Pulverschnee)
- Während dem Schwingen einzelne Buckel überspringen

HAUPTFEHLER UND KORREKTUREN

Fehler: Zu viel Rückenlage
Korrektur: Rückenlage nur so weit, daß die Schaufel (Nose) nicht gräbt, optimales Tempo vorgeben

Fehler: Bei Schlechtschnee zu starkes Aufkanten des Boards
Korrektur: Versuchen, eher gedriftet zu fahren

Fehler: Zu niedriges Tempo (Nose gräbt sich ein, zu hoher Schneewiderstand)
Korrektur: Schußfahrtübungen wiederholen

Fehler: Zu viele Bewegungen aus dem Oberkörper
Korrektur: Schwungfächer

METHODISCHE HILFSMITTEL

- Geländewahl
- Leichter Pulverschnee
- Im Übungstiefschnee (harter Untergrund mit einer ca. 30 cm dicken Neuschneeauflage)

5 TECHNIKPROGRAMM

LEHR-/LERNZIEL

Schüler soll Möglichkeit erhalten, sein Eigenkönnen und die Technik zu verbessern. Schüler lernt seine motorischen Eigenschaften (Schnelligkeit, Kraft, Ausdauer, Beweglichkeit, Gleichgewicht ...) auf vielseitige Art und Weise zu schulen. Die Schüler sollen ihre gelernten Bewegungen in allen Situationen variabel verfügbar haben. Das Technikprogramm soll zu kreativem Denken, Handeln und Tun anregen und so das Interesse des Schülers noch mehr wecken. Das Technikprogramm geht sehr stark in den Bereich Bewegungen erleben, erfühlen, spüren, wahrnehmen. Im Moment des Tuns volle Aufmerksamkeit auf das Hier und Jetzt richten. Also eine Fähigkeit, die auch für den Spitzenathleten von überragender Bedeutung ist.

5.1. Stellungen – Positionen

GRUNDPOSITION

Die Bindungsposition ist für die Grundposition ausschlaggebend.

PLUS-STELLUNG

Als Plus-Stellung bezeichnen wir das Verdrehen der Hüfte und des Oberkörpers aus der Grundstellung in die Fahrtrichtung, so daß die Schulterachse und die Boardlängsachse ein Plus (+) ergeben.

MINUS-STELLUNG

Als Minus-Stellung bezeichnen wir das Verdrehen der Hüfte und des Oberkörpers aus der Grundstellung parallel zur Boardlängsachse, so daß die Schulterachse und die Boardlängsachse ein Minus (-) ergeben.

5.2. Knieknick – Körperknick

Ob wir eine Teilkörperbewegung, eine Kombination aus Teilkörperbewegungen oder ein Zusammenspiel aus Teil- und Ganzkörperbewegungen verwenden, um das Board aufzukanten, hängt ab von:

- Tempo
- Gelände
- Radius
- Schneeverhältnissen
- Schwungwahl

KNIEKNICK

Bei niedrigem Tempo (unabhängig von der Steilheit des Geländes) benötigen wir den Knieknick (Bewegungen aus Sprung- und Kniegelenk), um das Board aufkanten zu können (beispielsweise Anfänger beim Rutschen in der Fallinie – Stop and Go).

KÖRPERKNICK

Bei der Steigerung der einzelnen Faktoren (siehe oben) kommt zum Knieknick der Körperknick hinzu, um das Board aufkanten zu können und den äußeren Kräften entgegenzuwirken. Als Körperknick bezeichnen wir eine Kombination von Teilkörperbewegungen aus Sprung-, Knie-, aber vor allem aus dem Hüftgelenk. Durch diesen Körperknick (Drehseitbeuge) kann man die bei einem Schwung auftretenden Kräfte so beeinflussen, daß diese optimal auf den Druckaufbau einwirken.

KURVENLAGE

Bei sehr hohem Tempo und zunehmender Steilheit gewinnt zusätzlich zu Knie- und Körperknick die Kurvenlage oder Schräglage an Bedeutung, um den äußeren Kräften entgegenwirken zu können. Optisch wirkt die Kurvenlage wie eine Innenlage, aber aufgrund der einwirkenden Kräfte befindet sich der Fahrer immer in dynamischem Gleichgewicht.

5.3. Kurzschwingen

- Kurzschwingen steigern (steileres Gelände, höhere Frequenz)
- Kurzschwingen in extremen Positionen (hoch, tief, vor, zurück – Unterschiede erfühlen)
- Kurzschwingen in Hocke-Stellung (90 Grad), Arme in tiefer Vorhalte stabilisieren
- Kurzschwingen synchron (Gleichtakt, gegengleich, nebeneinander, hintereinander, Schattenfahren)
- Überholen (Kurzschwünge mit Tempowechsel)
- Kurzschwingen schräg über den Hang
- Frequenz bis zum Limit steigern
- „Stricken" – 7 kurz, 1 lang, 7 kurz, ...
- Kurzschwingen mit vorgegebenem Rhythmus (akustisch)
- Richtungsspringen im Flachen
- Kurzschwingen mit „Notstopp" auf Zuruf oder bei Markierung
- „Twister" – vor dem Umkanten zweimal kurz aufkanten (doop doop)
- Kurzschwingen auf wechselndem Gelände (Tempo halten)
- Kurzschwingen mit geschlossenen Augen (auf Zuruf)
- Kurzschwingen „Fakie"
- Gesprungene Kurzschwünge im Steilen (ohne Schneekontakt)
- Kurzschwingen im Schlechtschnee
- Kurzschwingen, „einarmiger Bandit" – hintere Hand auf dem Rücken
- Kurzschwingen, Hände auf den Knien
- Kurzschwingen, Hände unter einem Oberschenkel verschränken
- Kurzschwingen, beide Hände an die Hüfte
- Kurzschwingen, Hände hinter dem Nacken
- Kurzschwingen, Hände vorne verschränkt
- Kurzschwingen, Hände auf Kniehöhe falten
- Kurzschwingen, Hände hinter den Rücken halten

- Kurzschwingen, Hände über dem Kopf
- Kurzschwingen, Hand in Hand zu zweit (Sicherheit!!!)
- Kurzschwingen mit Magic-stick in der Grundhaltung
- Kurzschwingen mit Magic-stick mit Hangausgleich
- Kurzschwingen, Magic-stick auf den Handrücken legen und ruhig halten
- Kurzschwingen mit Magic-stick und Schultersperre
- Kurzschwingen mit Magic-stick und Beckensperre
- Kurzschwingen mit Magic-stick, zu zweit nebeneinander
- Kurzschwingen mit zwei Magic-sticks, zu zweit hintereinander
- Kurzschwingen mit zwei Magic-sticks – Vordermann zieht, Hintermann bremst mit Kurzschwingen

.4. Langer Schwung hoch – tief geschnitten

EXTREMLAGEN SIEHE FUN-BOARDING

- Lange Schwünge über Buckel (Ausgleichstechnik)
- Lange Schwünge im Tiefschnee
- Verschiedene Auslöseformen (Andrehen, Vordrehen, Mitdrehen, Gegendrehen, Rotieren) ausprobieren und Unterschiede erfühlen
- Technikwechsel
- Rumpfpositionswechsel (FS+/BS-; FS-/BS+; FS-/BS-; usw.)
- Spur fahren
- „Kanguruh Turns"
- Fakie fahren
- Hände fixieren (siehe Kurzschwingen)
- Kombinationen aus Hände fixieren – Technikwechsel – Rumpfpositionswechsel
- Magic-stick Programm

Rhythmuswechsel/ Technikwechsel 5.5.

Anwenden und Kombinieren der verschiedenen Techniken im flachen, dann im steileren Gelände. Schulen der variablen Verfügbarkeit (z. B. lange geschnittene Schwünge, hohes Tempo, Kurzschwingen). Besonders viel Gefühl braucht es beim Rhythmuswechsel im Gelände und im Schlechtschnee. Jede Rhythmusschulung kann auch unter erschwerten Bedingungen geschult werden (fixierte Hände, Magic-stick, Linienvorgabe, Formationen usw.).

Buckelpiste 5.6.

Auch auf der Buckelpiste kann man unter erschwerten Bedingungen das Gleichgewichtsgefühl verbessern und die Ausgleichstechnik schulen.

5.7. Steuerschulung und Kantübungen

Im Vordergrund steht die Verbesserung der Steuerphase. Das Kanten und Belasten muß über den gesamten Schwung verteilt werden. Das Steuern hat einen großen Einfluß auf die Geschwindigkeit.

ÜBUNG

- Schrägfahrtübungen mit Kantbewegungen
- Schwung zum Hang mit Hochbelastung/Tiefbelastung
- Mehrmaliges Hochspringen in die gleiche Spur, mehrmaliges Hochspringen in eine höhere Spur
- Unterschied Driften – Schneiden
- Einzelschwünge mit verschiedenen Auslöseformen
- Beinspielgirlande mit Steigerung zur Übergirlande
- „Stricken"
- „Stricken" schräg über den Hang
- Radius durch Stangen vorgeben
- Kurzschwingen schräg über den Hang
- Lange Schwünge schräg über den Hang.
- Girlanden mit verschiedenen Auslöseformen
- Rutschtreppe Feinform (und schräg über den Hang)
- „Notstopp" (abruptes Aufkanten = Stoppen)
- Kurzschwingen ohne Schneekontakt
- „Kanguruh Turns"
- Kurzschwingen Twister („doop doop")
- Alle Übungen können mit fixierten Händen und Stangen durchgeführt werden

Formationsfahren 5.8.

Dient zur Schulung der variablen Verfügbarkeit und der Anpassungsfähigkeit. Optische, akustische und motorische Kontrolle verbunden mit hoher Konzentration ergeben Gleichtakt. Jedes Tempo, jede Schwungart und jeder Radius müssen automatisiert sein, damit sie jederzeit variabel verfügbar sind.

Ziel dieser Übungen ist ein gegenseitiges Anpassen und ein mehr oder weniger unbewußter Wechsel von Rhythmus, Radius, Tempo, Schwungart etc. Besonderen Wert legt man auf die Konstanz des Vordermannes, der die „Arbeit" der folgenden Fahrer sehr erleichtert. Je mehr Personen an einer Formationsfahrt beteiligt sind, umso schwieriger wird es, den Gleichtakt zu finden. Der Erste der Gruppe ist der „Boss", die Folgenden konzentrieren sich auf ihn/sie und nicht auf den direkten Vordermann (Verzögerung). Richtig angewendet ist diese Übungsform nicht nur ein großer Spaß für die Gruppe, sondern auch ein äußerst hilfreiches Unterrichtsmittel zur Verbesserung der Technik.

FAHREN ZU ZWEIT
HINTEREINANDER
IM SCHATTEN
IM GLEICHTAKT
GEGENGLEICH
NEBENEINANDER
ÜBERHOLEN
MIT MUSIK
TEILNEHMER KREUZEN – „CRASH"

5.9. Regular – Goofy

Für bereits geübte Fahrer ist der Wechsel von Regular zu Goofy oder umgekehrt eine nützliche Erfahrung (Beidseitigkeit):

- Erweiterung der eingeschliffenen Bewegungsmuster
- Einstellung und Umstellung auf neue Situationen
- Bewußtmachen des Bewegungsablaufes
- Geschicklichkeit und Umsetzen der Theorie in die Praxis nehmen zu (Selbstkorrektur)
- Hauptfehler werden deutlicher erkennbar (Aufbauübungen)

5.10. Technikprogramm mit dem Magic-stick (MS)

Mit einem Magic-stick		Mit zwei Magic-sticks
In Vorhalte (Grundstellung)		In Fallinie halten
FS	BS	
Minus	+	
+	Minus	
Minus	Minus	
+	+	
0	0	
Minus	0	
0	Minus	
Plus	0	
Grundstellung = 0	Plus	
Auf der Schulter (Hangausgleich) Körperknick		Sticks vorne berühren, hinten berühren, wechseln vorne und hinten berühren
Außenhand seitlich am Körper, tief		2 x vorne und 2 x hinten Magic-stick berühren
MS zwischen den Beinen im rechten Winkel zum Board		Gegengleich drehen im Fahren
Auf Frontside und Backside Striche im Schnee ziehen		Mit gestreckten Armen nach vorne halten zwecks Körperspannung
Mit gestreckten Armen über den Kopf halten		MS senkrecht halten
MS senkrecht halten, schwungäußere Hand hält den MS unten, beim Auslösen umdrehen des MS		Zu zweit, der Hintere lenkt den Vorderen
Zur Hüfte halten (Korrektur Hüftfehler)		

WICHTIG: Den Magic-stick auf den Schultern nur mit den Händen halten; nicht die Arme darüber legen!

VARIATIONEN DURCH:

- Tempo
- Schwungformen
- Radien
- Schneebeschaffenheit
- Reizaufnahme: optisch, akustisch (Trainer steht unten, der Fahrer imitiert seine Bewegungen), kinästhetisch (Blindfahren)

STANGENFAHREN

Stangenfahren und Renntechnik

ND RENNTECHNIK

1 Allgemeines zum Stangenfahren

Man unterscheidet zwischen stangenungebundenem und stangengebundenem Übungsaufbau. Beide Formen werden alternierend bis zum Training für Hochleistungssportler verwendet.

Ziel des Stangentrainings ist es, die kognitiven Fähigkeiten spezifisch zu entwickeln. Diese dienen dazu, beim Fahren stets die optimale Linie zu finden (Ideallinie).

Dem Einfallsreichtum des Lehrers sind dabei keine Grenzen gesetzt. Bei der Einführung ins Stangentraining sind unzählige Varianten möglich. Eine Station sollte immer so gesteckt werden, daß zahlreiche Möglichkeiten gefahren werden können (z. B. Trichter, Korridor, Stangengasse, Stangenwald, Geschicklichkeitslauf). Der Geschicklichkeitslauf ist außerdem ein geeignetes Lehrmittel zur Entwicklung koordinativer Fähigkeiten.

Zu Beginn wird auf glatten, mittelsteilen Hängen gesteckt. Schnee und Piste sollten wenig variieren, damit sich die Fahrer ganz auf das neue Fahrgefühl konzentrieren können. Wenn man mehr aus der Fallinie heraus steckt, sollte der Hang mittelsteil sein, damit die Geschwindigkeit nicht zu stark reduziert wird.

Das Fahren um „Stubbys", Stangen oder durch Tore ist kein freies Fahren mehr, sondern ein gebundenes. Der Abstand zur Stange bestimmt, wo und wie das Board angedreht und beim Steuern geführt werden muß. Dies ist schwer erklärbar, der Übende muß es im wahrsten Sinn des Wortes „erfahren". Der Schüler erarbeitet sich den richtigen Zeitpunkt des Andrehens – das richtige „Timing".

Fährt man schneller, müssen Andrehen und Steuern neuerlich angepaßt werden.

Wenn im Unterricht beim Fahrer eine unfunktionelle Technik auftaucht, muß diese auf dem gerade bestehenden Niveau korrigiert und verbessert werden.

Es macht keinen Sinn, weiter fahren zu lassen und zu hoffen, das Problem verschwinde von selbst.

Wenn notwendig, muß man sogar wieder einen Schritt zurückgehen und die Übung neu aufbauen.

KIPPSTANGEN
Lienz

2 Aufbau Stangenfahren

Die ersten Anforderungen im Stangenfahren liegen in der Notwendigkeit, mit räumlichen Einschränkungen fertig zu werden. Deshalb wird eine der ersten Aufgaben für den Fahrer darin bestehen, eine vorgegebene Linien durch Pilze oder „Stubbies" nachzufahren – mit dem Ziel, in einfachen Kursen eine optimale Linie selbst zu finden.

Übungsaufbau

Schwingen in Zonen: Mit Pilzen oder „Stubbies" werden auf einer mittelsteilen, gut präparierten Piste verschiedene Zonen abgesteckt: Pilzgasse, Doppelpilzgasse, Stundenglas oder Trichter. Diese Zonen können in der Fallinie oder schräg zur Fallinie ausgesteckt werden.
Eine Steigerung des Schwierigkeitsgrades eines Kurses läßt sich durch eine Änderung der Schneeverhältnisse (zum Beispiel Tiefschnee) und/oder der Geländewahl (zum Beispiel vom Flachen ins Steile, Buckelpiste) erreichen.

Übungsmöglichkeiten

- Gleichbleibende Schwungradien fördern die Rhythmisierungsfähigkeit
- Variieren der Schwungradien
- Variieren des Tempos
- Verschiedene Schwungformen fahren
- Fahren mit lockeren oder fest angezogenen Schnallen
- Fahren mit visueller Einschränkung (teilweise abgedeckte Brille)
- Variieren der Schwungformen während einer Abfahrt
- Partnerweise Spurfahren (Abstand ca. 2–3 Schwünge)

Übungsaufbau

Linienschulung: Mit fünf Pilzen oder „Stubbies" wird die Linie eines Schwunges genau vorgegeben. Die Anzahl der aneinandergereihten Schwünge liegt bei ca. sechs. Bei der Geländewahl soll wieder nach dem methodischen Grundsatz vom Leichten zum Schwierigen vorgegangen werden. Gelernt wird dabei das punktgenaue Ansetzen und zielgenaue Steuern der Schwünge. Auch die Fähigkeit zur schnellen Reaktion und zur Einstellung auf gegebene Rhythmen wird entwickelt.
In einem Torlauf sind Schwungansatz und Kurvenverlauf zu einem gewissen Teil frei wählbar. Leider gibt es keine allgemeingültige, einfach umsetzbare Regel, mit der man in jedem Fall die „optimale Linie" ermitteln könnte. Faktoren wie Hangneigung, Hangform, Schneebeschaffenheit, Fahrtempo und Plazierung der Stangen müssen beachtet werden. Um instinktiv die richtige Linie zu finden, müssen die unterschiedlichsten Fahrlinien variabel verfügbar gemacht werden. Das heißt für den Fahrer, sich Erfahrungen mit den unterschiedlichsten Fahrlinien in den verschiedensten Situationen bewußt zu machen und im Bewegungsgedächtnis jederzeit verfügbar abzuspeichern.

LEVEL
CFS
REBAGLIATI ROSS
F2
F2

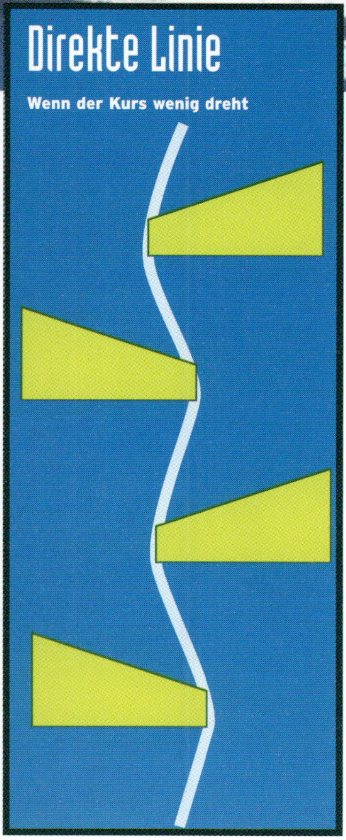
Direkte Linie
Wenn der Kurs wenig dreht

Indirekte Linie
Schwunganatz vor dem Tor beginnen und Schwung beim Tor beenden
Stark drehender Kurs
Im steilen Gelände
Bei Wannen

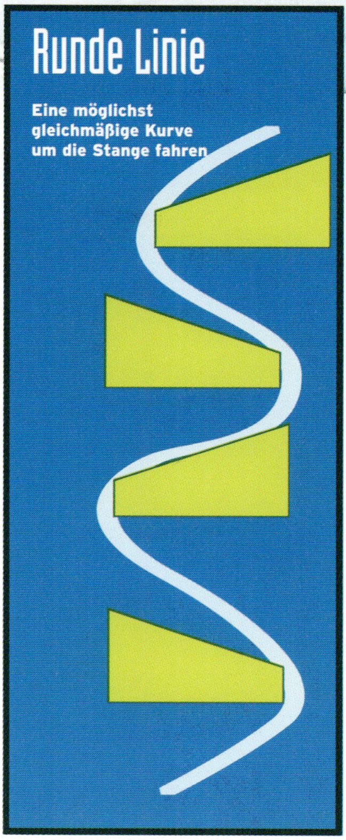
Runde Linie
Eine möglichst gleichmäßige Kurve um die Stange fahren

Übungsmöglichkeiten:

- Erfahrungen mit dem Schwungansatz (Markierung mit Pilz) sammeln
- „Hohen","frühen" Schwungansatz
- „Tiefen",späten" Schwungansatz
- Erfahrungen mit der Linie zum nächsten Tor sammeln
- „Runde Linie" = vom Schwungansatz eine möglichst gleichmäßige Kurve um die Stange fahren
- „Direkte Linie" = der Fahrer steuert geradlinig auf die Stange zu, um dann an der Stange zu drehen
- „Indirekte Linie" = der Fahrer holt etwas aus, kommt daher „von hinten" und kann dann an der Stange ziemlich geradlinig passieren
- Erfahrungen mit der Linie bei unterschiedlich gesteckten Kursen sammeln

horizontaler Torabstand = h	vertikaler Torabstand = v
h = X-Wert	v = Y-Wert
h = progressiv	v = Y
h = progressiv dann regressiv	v = Y
h = X	v = progressiv dann regressiv
h = progressiv dann regressiv	v = progressiv dann regressiv
h = beliebig variabel	v = beliebig variabel

- Erfahrungen mit Rhythmuswechsel sammeln
- Jeweils drei „Stubbies" werden auf gleicher Höhe gesetzt
- Rhythmuswechsel von Fahrt zu Fahrt: erst nur um das innere, dann nur um das mittlere, zuletzt nur um das äußere Stabby
- Allmählicher Rhythmuswechsel während einer Fahrt: erst um das innere, dann um das mittlere, schließlich um das äußere Stubby fahren (Reihenfolge variabel)
- Starker Rhythmuswechsel während einer Fahrt: erst um das äußere, dann um das innere, dann wieder um das äußere Stubby usw. fahren

Praktische Tips für Schüler und Lehrer

- Vor jedem Stangentraining aufwärmen und „einfahren"
- Vor jedem Lauf Konzentrationsphase einlegen (ideomotorisches mentales Training, Atemübungen und Überkreuzbewegungen einbauen)
- Jeden Lauf mit einem 100%igen Start beginnen
- Start- und Zieleinfahrttechniken zeigen und schulen
- Jeden neuen Lauf anschauen und einprägen
- Zeitläufe gegen die Uhr
- Parallelslaloms – Läufe gegen einen Gegner schult das taktische Verhalten
- Nie zu lange ohne Unterbrechung üben – nach ca. zwei Stunden eine halbe Stunde Pause einlegen (Flüssigkeit und Nahrungsaufnahme)
- Läufe alternierend nach beiden Seiten beginnen
- Verschiedenste Torkombinationen beidseitig üben
- Bewegungsaufgaben sowohl nach links als auch nach rechts stecken
- Trainingsgelände gegen die Touristenpiste absichern
- Kurse nach Trainingsende sofort abräumen
- Wannen und Löcher der Läufe zurutschen
- Während des Umsteckens oder zwischen dem Stangentraining „freifahren"
- Tempolimit durch „freifahren" oder einfache Kurssetzung erhöhen
- Nach jedem Stangentraining „ausfahren"

3 Renntechnik

Folgende Faktoren haben dazu geführt, daß sich das Snowboarden im Laufe der Jahre optisch verändert hat:

1. Die steigende Qualität des Materials, z.B der Boards, der Schuhe und der Zusatzausrüstungen (beispielsweise die Erhöhung durch einen unter die Ferse des Schuhs geschobenen oder in die Bindung integrierten Keil)

2. Die funktionelle Anpassungsfähigkeit der eigenen Technik, die einige Fahrer beherrschen (beispielsweise Mosca, Darbringer, Zangerl, Krassnig, Happ, Böck).

Die optische Veränderung des Snowboardens aufgrund der

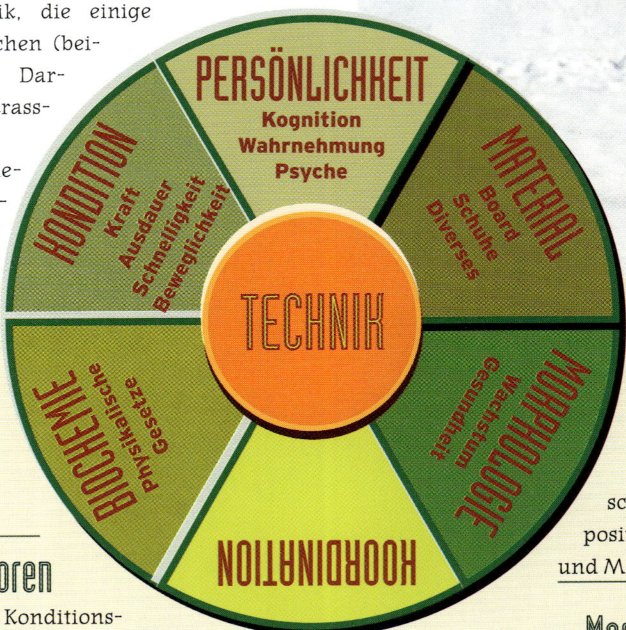

Biomechanik und Morphologie

können nicht von außen beeinflußt werden.

Konditionsfaktoren

Die Entwicklung der Konditionsfaktoren spielt in der Perfektionierung der Technik eine grundlegende Rolle.

Persönlichkeitsfaktoren

Das Zusammenspiel dessen, was Persönlichkeit ausmacht, wird wohl kaum ganz erforscht werden können, trotzdem ist unbestreitbar, daß für die technische Ausbildung im Sport folgende Faktoren eine wichtige Rolle spielen:

- Kognitive Werte (taktisches Verhalten oder situationsbedingte Anpassung)
- Wahrnehmung (das Gespür bei einer Bewegungsausübung)
- Psychische Qualitäten (Wille, Bereitschaft zur Korrektur, positives Engagement und Motivation)

Morphologie

Während der Pubertät vollziehen sich sowohl in körperlicher wie in psychischer Hinsicht äußerst wichtige Veränderungen . Nur allzu oft werden die Schwierigkeiten, denen junge Athleten in dieser Phase begegnen, ganz einfach ignoriert, obwohl gerade diese Periode die Jugendlichen zu ständigem Wechsel ihrer Bewegungsmodelle zwingt.

Dasselbe gilt für die Größenunterschiede der Athleten. Der Athlet muß seine Technik der eigenen Morphologie anpassen; umgekehrt ist das nicht möglich!

oben genannten Faktoren hat dazu geführt, daß allzu schnell auf das Erscheinen einer neuen Technik geschlossen wurde. Teilweise wird sogar von einer grundsätzlichen Änderung im Bewegungsablauf gesprochen (z.B. Schulter hoch, extreme Gegendrehung in der Hüfte!).
Gemäß den Grundprinzipien des psychomotorischen Unterrichts wird die funktionelle Anpassung allerdings lediglich als eine Stilfrage betrachtet. Deshalb ist generell davon abzuraten, aufgrund dieser Veränderungen vorschnell auf das Erscheinen einer neuen Technik zu schließen.
Die Technik ist das Zusammenspiel motorischer Aktivitäten, die es erlauben, die einer Sportdisziplin eigene Bewegung auszuführen. Aufgebaut wird die Technik durch die wachsende Erfahrung des betreffenden Sportlers und den damit verbundenen Lernprozeß.

DIESER LERNPROZESS DURCHLÄUFT DABEI VERSCHIEDENE STADIEN:

Einführung – Schulung (Verfeinerung und Automatisierung) – Anwendung – Variation

Deshalb kennt die Grundtechnik, auf der die Renntechnik aufbaut, eine sehr wichtige Phase, welche **individuell funktionelle Technik** genannt werden kann. Individuell deshalb, weil die Technik auf die Morphologie und Eigenheiten des Sportlers angepaßt wird. Funktionell ist die Technik, weil sie je nach Aufgabenstellung und Vorgabe immer die beste Lösung findet.
Für die Ausprägung der Technik sind eine Reihe von Faktoren verantwortlich, von denen ein gewisser Teil gezielt entwickelt werden kann. Die anderen Faktoren entziehen sich jedoch solcher Einflußnahme, da sie situationsgebunden von den Naturgesetzen diktiert sind (siehe Grafik).

Red Bull

Im Verlauf des Snowboardrennsports haben sich unterschiedliche Fahrtechniken entwickelt, die alle zum Erfolg führen. Jede Bewegung und jede Anpassung wird mit ihren eigenen Bezeichnungen und Erläuterungen als technische Form beschrieben. zum Beispiel Driftschwung mit Hochentlastung, Driftschwung mit Tiefentlastung, Beinspielschwung, Beschleunigungsdrehen (= KSP-Verlagerung nach hinten/unten) mit Hochentlasten, Beschleunigungsdrehen (= KSP-Verlagerung nach hinten/unten) mit Tiefentlasten.
Interessant ist es, den Kern einer jeweiligen Technik zu betrachten, um so herauszufinden, welche Bewegungen bei allen technischen Formen vorkommen. Diese nennt man Kernbewegungen da sie sowohl in der Grundtechnik als auch der Renntechnik identisch sind.
Unter Kernbewegungen versteht man also jene Bewegungen, die unbedingt notwendig sind, um die gewünschte Wirkung bei einer beliebigen Schwungform zu erzielen. Die Kernbewegungen sind auch die Bewegungen, bei denen die gleiche Struktur der Bewegungsmuster zu finden sind.

DIE KERNBEWEGUNGEN DER SNOWBOARD-TECHNIK SIND:

- **Die Vertikalbewegung** während der Auslösephase und der Steuerphase
- **Die Kippbewegung** für den Kantenwechsel (der KSP verschiebt sich während der Auslösephase diagonal über das Board)
- **Die Streckung der Beine** mit der relativ gleichen beidbeinigen Belastung während der passiven Steuerphase
- **Der Körperknick** (Hüfte und Knie zum Kurvenmittelpunkt gedrückt, Rumpf schwungauswärts gebeugt) während der aktiven Steuerphase, um die zunehmenden Kräfte kontrollieren zu können
- **Andere Bewegungen,** wie zum Beispiel jene der Arme, eine mehr oder weniger offene Stellung des Rumpfes etc., sind je nach Situation und Absicht verschieden und prägen den individuellen Stil eines Snowboarders

Die **funktionelle Snowboardtechnik** ist das Resultat aus Anpassung und Variation der Kernbewegungen der Snowboardtechnik.

5 DIE KERNBEWEGUNGEN IN DEN SCHWUNGPHASEN

VORBEREITUNG	**Grundstellung**	
AUSLÖSPHASE	**Kippen**	**Hoch-Kippen-Drehen**
	Pendeln	**Beugen-Drehen**
	indirekte Auslösung = indirekter Kantenwechsel (flachstellen und aufkanten)	
	direkte Auslösung = direkter Kantenwechsel (schneller Wechsel von einer auf die andere Kante = umkanten)	
STEUERPHASE	**Passive Steuerphase**	**Orientieren-Hineinliegen**
	Aktive Steuerphase	**Gegendrehen** **Körperknick (Hüft- und Knieknick)** **Vertikalbewegung**

1. Für die Auslösephase kommen im Rennsport zwei Hauptbewegungen zur Geltung:

KIPPEN Hoch–Kippen–Drehen

ANWENDUNG: im Normalfall in jedem Gelände. Das Kippen, bei dem der Körperschwerpunkt über das Board gebracht wird, ist die wichtigste Bewegung.

PENDELN Beugen–Drehen

ANWENDUNG: über Buckel oder in flachem Gelände. Das Pendeln der Beine unter dem Körper ist die wichtigste Bewegung.

In der funktionellen Snowboardtechnik Alpin und insbesondere in der Renntechnik ergibt sich sehr oft eine **Mischform aus Kippen und Pendeln.**

2. Die Steuerphase wird in zwei Phasen unterteilt, die fließend ineinander übergehen. Um eine optimale Kurvensteuerung zu realisieren, kann der Übergangsknotenpunkt der zweiten Phase variieren (Krafteinsatz, Raum, Zeit).

Als erstes erfolgt die **passive Steuerphase,** bei der sich der Fahrer je nach Geschwindigkeit mehr oder weniger in die Kurve legt.

- Orientieren (auf das nächste Tor) – Hineinlegen

Dann kommt die **aktive Steuerphase** mit dem Einsatz der drei Hauptbewegungen:

- Gegendrehen
- Körperknick (Hüft- und knieknick)
- Vertikalbewegung (Beugen der Beine)

6 FUNKTIONELLE RENNTECHNIK

Wie bereits erwähnt, ergibt sich die Renntechnik aus der Anwendung von Bestandteilen der Grundtechnik plus persönlichem Fahrstil. Somit stellt sie selbst keine neue Technik dar. Es existiert kein Unterschied zwischen dem Kurzschwingen oder dem geschnittenen Schwung des freien Snowboardens und dem des Rennlaufs. Die Leistungssteigerung ergibt sich in erster Linie durch die Entwicklung der physischen Konditionsfaktoren.

Hauptsächlicher Bestandteil der Renntechnik ist die Einführung der Linie (= durch die Tore vorgegebener Weg). Diese Linie zwingt den Snowboarder zu einer exakteren Steuerung seines Boardes. Im Gegensatz zum Anfängerunterricht, in dem das Hauptaugenmerk auf dem Auslösen liegt, wird mit zunehmendem Können die Steuerphase vermehrt geschult. Für die Renntechnik ist die Steuerphase der wichtigste Abschnitt eines Schwunges, weil diese Phase die Beschleunigung und das Auslösen des nächsten Schwunges beeinflußt.

Eine optimale Linie zu fahren, bedeutet für den Snowboarder, sich jederzeit dem Gelände oder den Schneebedingungen anpassen zu können. Er muß fähig sein, die Linie entsprechend den Kurvenradien und der Fahrgeschwindigkeit zu ändern und die verschiedenen Anwendungsformen der Grundtechnik in ihren Phasen der Vorbereitung, der Auslösung oder der Steuerung zu differenzieren.

Einer der markantesten Fehler bei jungen Sportlern liegt darin, die Grundtechnik zu einer schlechten Renntechnik umzuwandeln; so entspricht dann zum Beispiel das Kurzschwingen in einem Slalom nicht mehr dem Kurzschwingen aus der Grundtechnik.

Zusammenfassende Merkmale der Renntechnik:

- Ständig zunehmende Sparsamkeit in den Bewegungen (diese Bewegungen existieren jedoch weiterhin und sind – wenn auch kaum sichtbar – immer noch Bestandteil des technischen Ablaufs)
- „Flüssigere" Ausführung des gesamten Bewegungsablaufs
- Fähigkeit des variablen Verhaltens und der situationsbedingten Verfügbarkeit jeder Technik (= funktionelle Renntechnik)

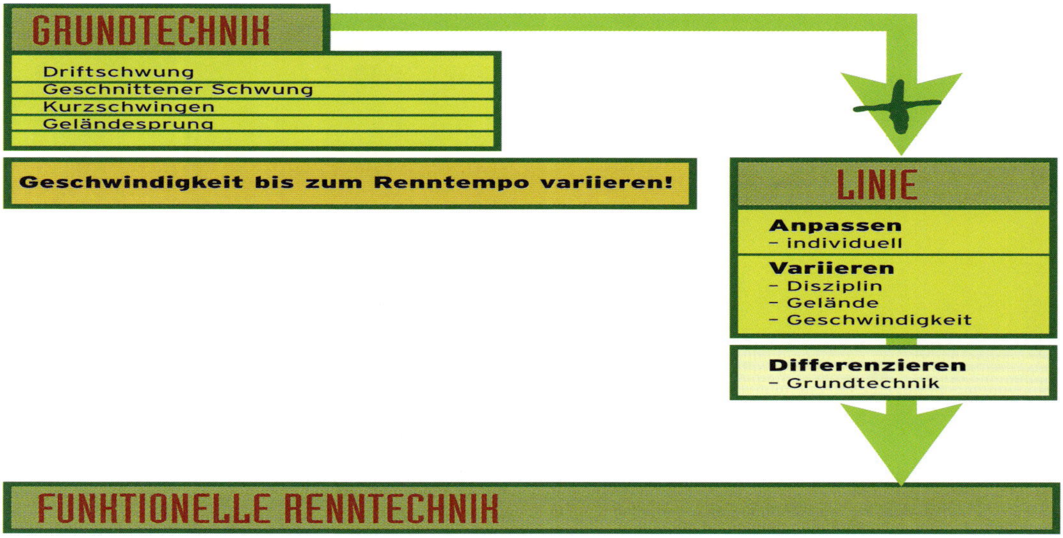

LEVEL
LEVEL
ERBRUNN
OXBOW
6
LEVEL
OXBOW

FREE

Freestyle

STYLE

1 Vorwort

Die unerschöpfliche Geländevielfalt bietet ideale Möglichkeiten, um sich auf seinem Board kreativ zu betätigen. Ob es nun plane Pisten oder ob es Buckel sind, der Freestyler nützt jede Gelegenheit, mit seinem Board zu spielen. Als Voraussetzung sollten auf jeden Fall die alpinen Basisschwünge beherrscht werden. Eine sichere Kontrolle des Boards ist unbedingt erforderlich. Wie immer gilt auch hier: Aufwärmen nicht vergessen! Begonnen wird mit leichten Basistricks, um sich dann allmählich zu steigern.

Das Skateboardfahren hat einen großen Einfluß auf den Snowboardfreestyle. Nur die wenigsten Tricks wurden direkt im Snowboarden kreiert. Nahezu alle Tricks stammen aus dem Skateboardbereich, ein kleiner Teil aus dem Wellenreiten.

Für Tricks auf der Piste, speziell aber in der Halfpipe, sollten die für diesen Einsatzbereich gedachten Freestyleboards mit Schalenbindung verwendet werden.

2 AN DAS „NEUE" SPORTGERÄT GEWÖHNEN

LEHR-/LERNZIEL

Vertraut werden mit den Eigenschaften des Freestylematerials; Basiselemente aus dem alpinen Fahren auf das Freestylen umsetzen

VORÜBUNGEN

IM STAND

- Nose und Tail abwechselnd belasten
- „Gehen" über Nose und Tail
- Springen im Stand 180 Grad, 360 Grad

AUS DER SCHRÄGFAHRT

- Nose und Tail abwechselnd belasten
- Springen
- Drehen und Umkanten
- Zick-Zack-Rutschen
- Girlande vorwärts/rückwärts
- Schwung zum Hang

AUS DER FALLINIE

- Kreisel (beide Seiten)
- Schwung zum Hang
- Einzelschwung
- Eineinhalb-Schwung

ZIELÜBUNGEN

- Tempo variieren
- Gelände variieren
- Radien variieren

METHODISCHE HILFSMITTEL

- Geländewahl

3 Pistentricks

3.1. Fakie Fahren [Rückwärtsfahren]

LEHR-/LERNZIEL

Beherrschen des Rückwärtsfahrens; Kontrolle des Boards sowohl beim Gleiten wie beim Schwingen

BEWEGUNGSBESCHREIBUNG

Der Ablauf ist gleich wie beim Driftschwung, es wird nur alles rückwärts gefahren. Das heißt, das hintere Bein wird zum vorderen, der Oberkörper wird in die Fahrtrichtung gedreht usw.

ZIELÜBUNGEN

IM STAND

- Erklären der „neuen Grundposition"

AUS DER SCHRÄGFAHRT

- Längeres Schrägfahren rückwärts
- Girlanden rückwärts
- Schwung zum Hang – Gewichtsverlagerung auf den hinteren Fuß – Oberkörper in neue Fahrtrichtung drehen – Schwung zum Hang rückwärts ausführen

AUS DER FALLINIE

- Schußübungen rückwärts

ZIELÜBUNGEN

- Aneinanderreihen der Fakie-Schwünge
- Tempo steigern
- Gelände variieren
- Fakiefahren in Verbindung mit Pistentricks und Übung von Sprüngen

3.2. Tailwheelie

LEHRZIEL	BEWEGUNGSBESCHREIBUNG	METHODISCHE HILFSMITTEL
Tailwheelie	In der Fallinie fährt man mit gebeugter Grundstellung an. Durch ruckartige Gewichtsverlagerung nach hinten, Strecken des vorderen Beines, Abwinkeln des hinteren Beines und gleichzeitigem Hochreißen der Arme bringt man das Board in Wheelieposition. Das Board läßt sich nun auf dem Tail fahren. Arme dienen zur Balance, und der Oberkörper wird etwas nach vorne gebeugt. Zum Beenden verlagert man das Körpergewicht auf den vorderen Fuß, bis das ganze Board Schneekontakt hat.	Gut präparierte Piste Flaches – mittelsteiles Gelände

3.3. Ollie

LEHRZIEL	BEWEGUNGSBESCHREIBUNG	METHODISCHE HILFSMITTEL
Ollie	Der Ollie wird in tiefer Grundstellung angefahren. Während der Anfahrt wird das Körpergewicht zunehmend auf das hintere Bein verlagert. Durch explosives Strecken der Beine wird das Board entlastet. Man zieht das vordere Bein an und reißt die Nose nach oben. Durch kräftigen Abdruck des hinteren Beines über das Tail und gleichzeitigem Hochreißen der Arme wird der Absprung verstärkt. Für mehr Höhe sorgt ein maximales Anziehen beider Beine bei gleichzeitigem Vorbeugen des Oberkörpers. Das Board beginnt sich am höchsten Punkt flachzustellen. Die Landung erfolgt mit gleichmäßiger Belastung beider Beine und wird durch Tiefgehen dosiert abgefangen.	Kleiner Buckel Flaches – mittelsteiles Gelände Handschuh, Fähnchen, Stange

3.4. Laybackslide

LEHRZIEL

Laybackslide

BEWEGUNGSBESCHREIBUNG

In der Fallinie fahrend stützt man sich auf Backside mit der hinteren Hand im Schnee ab. Das Board wird dabei durch Vorschieben des Tails durch das hintere Bein auf der Backsidekante quer zur Fahrtrichtung gestellt. Je stärker das hintere Bein gestreckt wird, desto mehr wird der Trick gestylt. Durch Anwinkeln des hinteren Beines richtet sich die Boardspitze wieder in Richtung Fallinie. Kräftiges Abstoßen mit der hinteren Hand vom Schnee bringt den Oberkörper wieder über das Board. Der Laybackslide ist beendet.

METHODISCHE HILFSMITTEL

- Banks (Geländekämme)
- Tiefschneewächten
- Abgefahrene Halfpipes
- Mittelsteiles Gelände

3.5. Tailroll 180°

LEHRZIEL

Tailroll 180°

VORBEREITUNG

Auf Fakie angefahrene 180° -Airs über die Schanze

BEWEGUNGSBESCHREIBUNG

Man fährt mit gebeugter Haltung Fakie in der Fallinie an. Durch Körpergewichtsverlagerung auf das hintere Bein und gleichzeitige Körperstreckung wird die Nose aus dem Schnee gefahren. Dabei erfolgt eine Oberkörperrotation in Schwungrichtung. Das Board dreht über das Tail und folgt der Oberkörperrotation. Die Drehung wird bis zu 180° weitergeführt. Beide Beine werden nun wieder gleichmäßig belastet, das Board liegt im Schnee auf. Durch Tiefgehen wird der Schwung abgefangen.

3.6. Noseroll 180°

LEHRZIEL

Noseroll 180°

VORBEREITUNG

Auf Airs to Fakie über die Schanze

BEWEGUNGSBESCHREIBUNG

Angefahren wird in gebeugter Grundstellung, anfangs mit mäßigem Tempo. Durch Körpergewichtsverlagerung nach vorne und gleichzeitiger Streckung der Beine wird das Tail aus dem Schnee gehoben. Dabei erfolgt eine Oberkörperrotation in Schwungrichtung. Das Board dreht auf der Nose und folgt der Oberkörperrotation. Die Drehung wird bei 180° weitergeführt. Beide Beine werden wieder gleichmäßig belastet, das Board liegt im Schnee auf. Durch Tiefgehen wird der Schwung abgefangen.

3.7. Grabbed Turn

BEWEGUNGSBESCHREIBUNG

Beim Frontside-Turn greift die vordere Hand zwischen den Bindungen an die Fersenkante und beim Backside-Turn die hintere Hand an die Zehenkante.

TIP

ALS STEIGERUNG WIRD DAS GANZE IN FAKIE GEFAHREN.

180° Jump 3.8.

BEWEGUNGSBESCHREIBUNG

Angefahren wird in gebeugter Grundstellung, durch gleichzeitiges Abspringen mit beiden Beinen und mit Oberkörperrotation in die jeweilige Richtung folgt das Board der Oberkörperrotation.

TIP

WIE BEI NOSEROLL UND TAILROLL VON FRONTSIDE AUF FRONTSIDE SPRINGEN

360° Jump 3.9.

BEWEGUNGSBESCHREIBUNG

Angefahren wird in gebeugter Grundstellung, durch gleichzeitiges Abspringen mit beiden Beinen und mit Oberkörperrotation in die jeweilige Richtung folgt das Board der Oberkörperrotation. Den Drehimpuls erhält man durch Hochreißen der Arme über die hintere Schulter, während man mit beiden Beinen explosiv wegspringt.

TIP

ES IST LEICHTER, WENN MAN FRONTSIDE ANFÄHRT.

4 Sprünge über eine Schanze

Allgemeines

Generell erfolgt die Anfahrt zu einem Sprung in tiefer Körperposition mit aufrechter Kopfhaltung und Blick in die Fahrtrichtung. Der Druckaufbau richtet sich nach dem Bewegungsablauf in der Flugphase. Er erfolgt explosiv aus einer tiefen Körperposition durch eine Bein-, Hüft- und Rumpfstreckung. Bei Sprüngen mit Drehbewegungen richtet sich der Abdruck je nach Drehrichtung entweder über

FRONTSIDE- ODER BACKSIDE-KANTE (SPINS)
TAIL (BACKFLIP)
NOSE

In Halfpipes erfolgt der Druckaufbau meist über die wandseitige Boardkante (Spins und Straight Jumps). Mischformen des Sprungabdrucks liegen bei Spins oder Handplants um die Körperbreitenachse vor. Rumpf und Kopf leiten die gewünschte Bewegung für den Flug ein. Schon beim Absprung orientiert sich der Freestyler durch eine Kopfdrehung beziehungsweise Kopfneigung in die folgende Bewegungsrichtung. Das Training des Bewegungsablaufes während der Flugphase sollte möglichst häufig durchgeführt werden. Das bewußte verbale Formulieren des Bewegungsablaufes mit dem Trainer oder Kollegen ist hierbei besonders wichtig.
Eine sichere Landung zeichnet sich durch das gleichmäßige Aufsetzen der gesamten Boardfläche, die aufrechte Kopfhaltung mit Blick in Fahrtrichtung und das Abfedern durch eine Tiefbewegung der Beine und des Rumpfes aus.

LEHR-/LERNZIEL

Der Schüler erlernt die richtige Technik und einfache Sprünge. Wichtig ist der harmonische Bewegungsablauf.

4.1. Backscratcher

BEWEGUNGSBESCHREIBUNG

Die Anfahrt erfolgt in Grundposition. In der Flugphase wird das Board durch Abwinkeln beider Knie hinter das Gesäß gebracht. Die vordere Hand greift das Board in der Nähe der vorderen Bindung. In der höchsten Flugphase bilden die Oberschenkel und die Unterschenkel einen 90°-Winkel. Die Lauffläche steht senkrecht in der Luft und das Board ist dabei in horizontaler Lage. Der Oberkörper geht, nachdem die vordere Hand die Fersenkante gegriffen hat, in eine Bogenspannung (Hohlkreuz). Landung durch weiches Tiefgehen abfedern.

BEWEGUNGSBESCHREIBUNG

Tail Grab 4.2.

Die Anfahrt erfolgt in der Grundposition. Die Beine werden zum Sprung gestreckt. In der Flugphase wird das hintere Bein stark angewinkelt, der Oberkörper lehnt sich ein wenig nach hinten. Die hintere Hand greift zum Tail und zieht es nach oben an die Hüfte. Landung durch weiches Tiefgehen abfedern.

VARIATIONEN

- Nose Bone: Wie beim Tail Grab wird mit der hinteren Hand gegriffen und dann das vordere Bein gestreckt. Das Brett wird möglichst waagrecht in der Luft gehalten.
- Double Handed wird mit beiden Händen gegriffen.

BEWEGUNGSBESCHREIBUNG

Slob Air 4.3.

Absprung von der Schanze mit einem starken Abdruck vom Tail durch Strecken des hinteren Beines. In der Flugphase wird das vordere Bein sofort angewinkelt, damit die Nose nach oben in die Nähe des Oberkörpers gebracht wird. Die vordere Hand greift gestreckt zur Zehenkante und zieht die Nose so weit wie möglich zum Körper. Dabei wird der Oberkörper in Flugrichtung gedreht. Das hintere Bein ist nun ganz durchgestreckt. Wichtig dabei ist, daß der ganze Körper eine leichte Vorlage einnimmt, um eine stabile Flugphase zu erhalten. Zur Landung wird das Brett losgelassen und in eine horizontale Lage gebracht. Durch ein weiches Tiefgehen wird der Aufprall der Landung gedämpft.

5 SPRÜNGE IN DER HALFPIPE

LEHR-/LERNZIEL

Der Schüler erlernt die richtige Fahrtechnik und einfache Bewegungsabläufe von Sprüngen in der Halfpipe.

VORAUSSETZUNGEN

Für das Befahren der Halfpipe sind eine gute Kondition und ein großes Bewegungsrepertoire notwendig. Die Grundtechnik des Snowboardens ist die Basis für einen schnellen Lernerfolg. Da anfänglich Stürze kaum zu vermeiden sind, gehört das sichere Fallen zu den Grundvoraussetzungen.

VORÜBUNGEN

- Bevor die ersten Sprünge in der Halfpipe gemacht werden, ist es wichtig, daß der Snowboarder ein Fahrgefühl für dieses Gelände entwickelt.
- Befahren von natürlichen Halfpipes (Rinnen)
- Befahren von Fun Parks
- Das sichere Befahren der Wände in der Halfpipe (in gebeugter Grundstellung)
- Das sichere Befahren der Wände in der Halfpipe mit Hochentlasten
- Befahren der Halfpipe vorwärts und rückwärts (wie ein Pendel)
- „Drop in und Drop out" (über das Coping hinausfahren und auf dem Flat einen Schwung machen und wieder entlang der Transition in die Halfpipe einfahren)
- In gebeugter Grundstellung die Wall hochfahren, bis die Nose über die Coping zeigt. Durch schnelles, kräftiges Beinstrecken wird von der Wand abgesprungen. Mit diesem Abdruck erfolgt gleichzeitig die Drehung zur Transition hin, die durch Kopf, Arme und Oberkörper eingeleitet wurde. Das Board folgt dieser Drehung. Die Landung wird durch Tiefgehen weich abgefangen.

BEWEGUNGSBESCHREIBUNG

Die Anfahrt auf die Wall erfolgt in einer tiefen Grundstellung. Wenn die Nose über das Coping zeigt, erfolgt der Absprung durch ein rasches Strecken der Beine. Je präziser eine Halfpipe gebaut ist, um so passiver kann man sich aus der Halfpipe herauskatapultieren lassen. Der Drehimpuls wird mit dem Kopf und dem Oberkörper eingeleitet. Die Arme können dabei eine unterstützende Funktion übernehmen. Nach der Drehung des Körpers zur Transition hin folgt das Board. Mit Blick zum Landepunkt wird der Aufsprung durch Tiefgehen abgefedert.

5.1. Frontside Air (jeder Sprung über die Frontside-Wall)

BEWEGUNGSBESCHREIBUNG

Die Wall wird in tiefer Grundstellung angefahren. Kurz vor Erreichen der Coping drückt man sich durch aktives Strecken der Beine von der Frontsidekante ab. Das Board wird durch Anziehen der Beine zum Körper geführt. Die hintere Hand greift zur Frontsidekante zwischen die Bindungen. Durch die Wall und die leichte Innenlage dreht die Nose in Richtung Transition. Das Board wird losgelassen und durch Strecken der Beine die Landung vorbereitet.

5.2. Backside Air (jeder Sprung über die Backside-Wall)

BEWEGUNGSBESCHREIBUNG

Die Wall wird in tiefer Grundstellung angefahren. Kurz vor Erreichen der Coping drückt man sich durch aktives Strecken der Beine von der Backsidekante ab. Das Board wird durch Anziehen der Beine zum Körper geführt. Die vordere Hand greift zur Backsidekante zwischen die Bindungen. Durch die Wall und die leichte Innenlage dreht die Nose in Richtung Transition. Das Board wird losgelassen und durch Strecken der Beine die Landung vorbereitet.

5.3. Mute Air

BEWEGUNGSBESCHREIBUNG

Die Wall wird in tiefer Grundstellung angefahren. Kurz vor Erreichen der Coping drückt man sich durch aktives Strecken der Beine von der Backsidekante ab. Das vordere Bein wird angezogen, um die Nose näher zum Körper zu bringen. Die vordere Hand greift auf die Zehenkante, entweder kurz vor oder kurz hinter dem vorderen Fuß, das hintere Bein wird dabei leicht gestreckt. Das Board wird losgelassen und durch Strecken der Beine die Landung vorbereitet.

BEWEGUNGSBESCHREIBUNG

Die Wall wird in tiefer Grundstellung angefahren. Kurz vor Erreichen der Coping drückt man sich durch aktives Strecken der Beine von der Backsidekante und dem Tail ab. Durch Anziehen der Beine wird das Board zum Körper gebracht und die vordere Hand greift an die Fersenkante. Durch Strecken der Beine und gleichzeitigem Zug des Boards mit der Hand wird eine maximale Bogenspannung des Körpers erzielt. Der Körper und das Board befinden sich in nahezu horizontaler Lage. Das Board wird losgelassen und durch Strecken der Beine die Landung vorbereitet.

BEWEGUNGSBESCHREIBUNG

Die Wall wird in tiefer Grundstellung angefahren. Kurz vor Erreichen der Coping drückt man sich durch aktives Strecken der Beine von der Frontsidekante ab. Das Board wird durch Anziehen der Beine zum Körper gebracht. Die vordere Hand greift an die Fersenkante, am besten zwischen den Beinen. Das Board liegt quer zur Pipe (so, wie man Frontside anfährt) und der Oberkörper dreht in Richtung Pipe. Das Board wird losgelassen und durch Strecken der Beine die Landung vorbereitet.

5.6. Stalefish

BEWEGUNGSBESCHREIBUNG

Die Wall wird in tiefer Grundstellung angefahren. Kurz vor Erreichen der Coping drückt man sich durch aktives Strecken der Beine von der Frontsidekante ab. Das Board wird durch Anziehen der Beine und durch gleichzeitige Drehung um 180 Grad zum Körper geführt. Die hintere Hand greift an die Fersenkante zwischen den Beinen und das hintere Bein wird gestreckt (geboned). Das Board wird losgelassen und durch Strecken der Beine die Landung vorbereitet.

5.7. Stiffie

BEWEGUNGSBESCHREIBUNG

Die Wall wird in tiefer Grundstellung angefahren. Kurz vor Erreichen der Coping drückt man sich durch aktives Strecken der Beine von der Frontsidekante ab. Das Board wird durch Anziehen der Beine zum Körper geführt. Die vordere Hand greift zwischen den Beinen an die Zehenkante, dabei werden beide Beine gestreckt (geboned). Das Board wird losgelassen und durch Strecken der Beine die Landung vorbereitet.

BOARDPFLEGE

Boardpflege

Ein gut gepflegtes Board ist für den professionellen Fahrer ein unbedingtes Muß. Das sollte es auch für den Hobbysportler sein, weil es

1. EIN OPTIMUM AN FAHRSPAß VERMITTELT
2. GRÖßTMÖGLICHE SICHERHEIT BIETET
3. DEN WERT DES SPORTGERÄTES LÄNGER ERHÄLT

Folgende Eigenschaften zeichnen ein gut gewartetes Snowboard aus:

- Die plane ebene Lauffläche ermöglicht exakteres Ansprechen auf Richtungsänderungen.
- Die feine Kantenoberfläche entgratet und gebrochen erleichtert das Schwungauslösen.
- Eine gleichmäßige faserfreie Struktur führt zu schnellerem Gleiten.
- Ein gewachstes und abgezogenes Board garantiert einen souveränen Kantengriff auf allen Pisten.

Der Belag

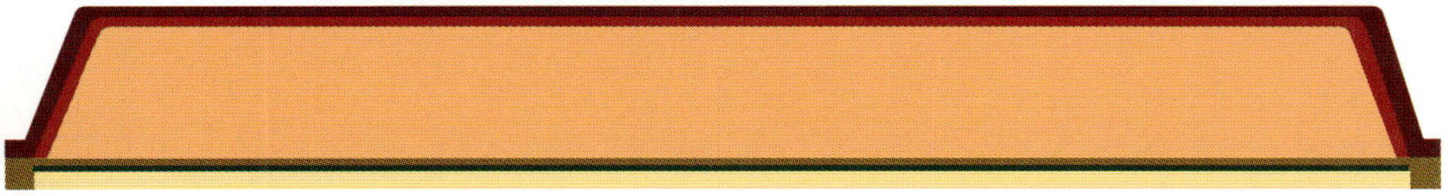

Planes Board
Keine Belagsverbrennungen
Keine sichtbaren Kratzer

Gleichmäßige Struktur
Keine Brennstellen
Gewachst und abgezogen

Die Kante

Feine Kantenoberfläche
Belagseitig und seitlich

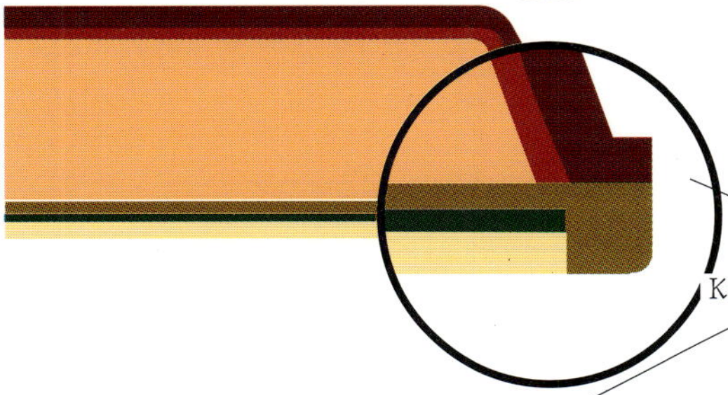

Kante entgratet und im Schaufel- und Endbereich gebrochen

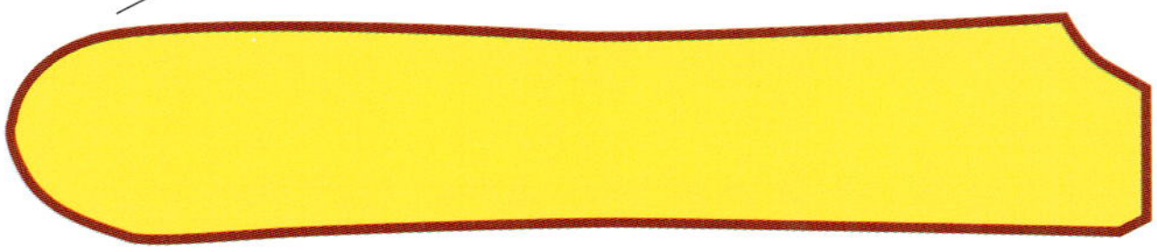

Belagreparatur

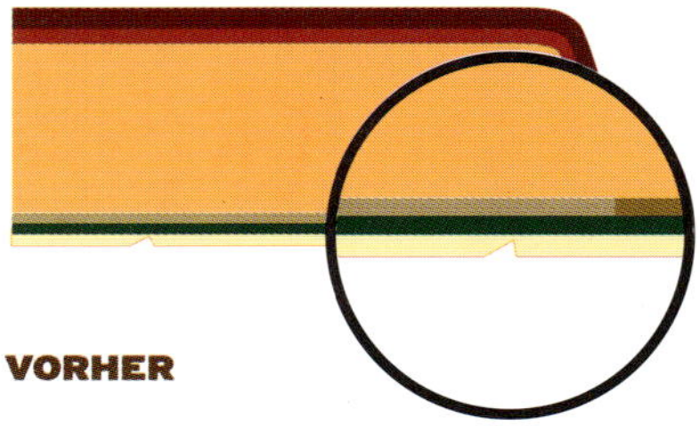

VORHER

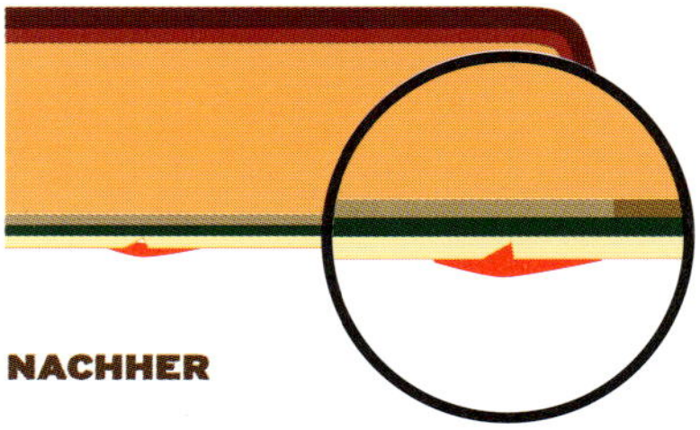

NACHHER

Um die Kratzer und Beschädigungen in der Lauffläche zu reparieren, wird die gereinigte Vertiefung mit einer Schicht geschmolzenem Polyäthylen überzogen. Um eine gute Haftung des Aufschmelzmaterials zu gewährleisten , ist es vorteilhaft den Beschädigungsbereich mit einer Drahtbürste beziehungsweise einem Lösungsmittel zu reinigen.

Gröbere Schrammen , die bis auf das Grundmaterial (Stahlkante, Laminat und dergleichen) gehen und eine größere Fläche aufweisen (ca. Fingernagelgröße) sollten ausgestanzt und durch Einkleben von neuem Belagmaterial repariert werden.

Der richtige Schliff

Es gibt zwei verschiedene Schliffarten , nämlich den Bandschliff und den Steinschliff, die wiedeum verschiedene Eigenschaften aufweisen.
Vorteile und Nachteile der Schliffarten:

STEINSCHLIFF:	**BANDSCHLIFF:**
+ absolut planer Schliff	+ unkomlizierte Bedienung der Bandschleifmaschinen
+ faserfreier Schliff	+ keine Nachbearbeitung der Kanten notwendig
+ exaktes reproduzierbares Schliffbild	+ kleine Beschädigungen Schliffbild sind durch die relativ grobe Struktur nicht mehr sichtbar
+ gute Gleiteigenschaften auch bei ungewachstem Board	– keine plane, exakte Lauffläche
+ Möglichkeiten, verschiedene Rauhtiefen und Strukturen durch Variation der Abzieh-Stein und Vorschubgeschwindigkeit zu erzeugen	– keine exakte, reproduzierbare Struktur
– Kante muß nachbereitet werden (Struktur in der Kante)	– ungewachstes Board hat relativ schlechte Gleiteigenschaften (faseriger Belag)
– Durch die vielen Einstellmöglichkeiten (Steingeschwindigkeit, Abziehgeschwindigkeit, Vorschub, Anpreßdruck) ist die Bedienung von Steinschliffmaschinen relativ kompliziert	– verschiedene Rauhtiefen nur durch Wechseln der Bänder zu erreichen
– Genaueres Ausbessern der Laufflächenbeschädigungen ist notwendig, da durch den planen, faserfreien Schliff kleine, nicht ausgebesserte Kratzer leichter sichtbar sind.	

Warum eine Belagstruktur?

Die Struktur vermindert die Reibung zwischen Schnee und Lauffläche.

Bei kaltem, kristallinem Schnee sollte die Lauffläche so glatt wie möglich sein, um die Reibungspunkte so gering wie möglich zu halten.

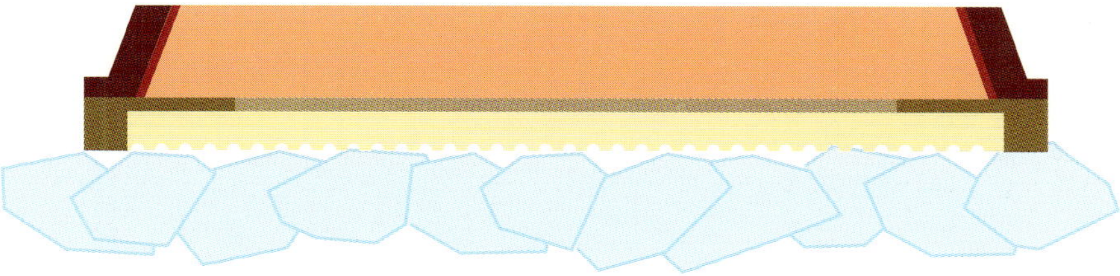

Bei amorphem, nassem Schnee ist eine strukturierte Lauffläche besser, um die Reibungspunkte zu reduzieren. Lufträume zwischen Lauffläche und Schnee verhindern den „Saugeffekt".

SCHNEEBESTIMMUNG: Eine einfache grobe Schneebestimmung ist mit der Hand möglich.

Trockener Schnee:	Läßt sich in der Hand mit Druck nicht formen
Feuchter Schnee:	Läßt sich formen, tropft aber nicht
Nasser Schnee:	Läßt sich formen und tropft

FÜR DIE VERSCHIEDENEN SCHNEEARTEN SIND FOLGENDE STRUKTUREN EMPFEHLENSWERT:

Trockener, kalter Schnee (Neuschnee):	Struktur 3 - 7 mm
Feuchter Schnee:	Struktur 6 - 9 mm
Nasser, grobkörniger Schnee:	Struktur 8 - 12 mm

Ein gut gewachstes Board gleitet merklich besser und verhindert eine Oxydation des Belages. Verbessertes Gleitverhalten bedeutet auch gleichzeitig eine bessere Drehbarkeit des Boards.
Aufgebracht wird das Wachs mit einem beheizten Wachsband, welches mit Wachs benetzt ist, oder einem Bügeleisen. Beim Wachsband wird durch die Reibungswärme des rotierenden Wachsbandes der Belag zusätzlich erwärmt und damit eine gute Wachsaufnahme (Eindringen in den Belag) gewährleistet.
Nach dem Wachsen ist es zweckmässig, die Kanten zu entgraten und zu polieren, um ein optimal fahr- und drehfreudiges Board zu erhalten.

Arbeitsablauf Wachsen

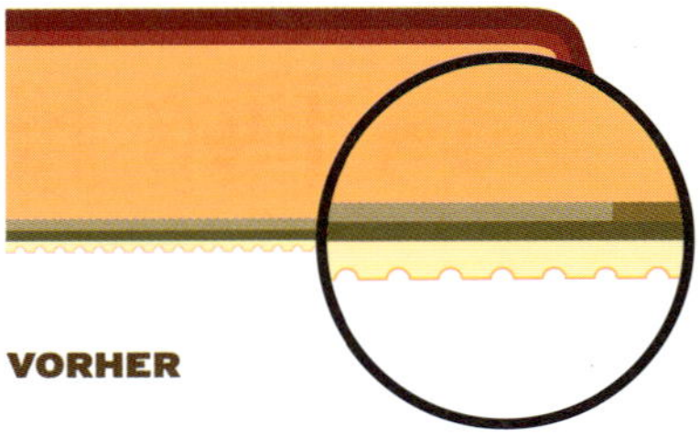

VORHER

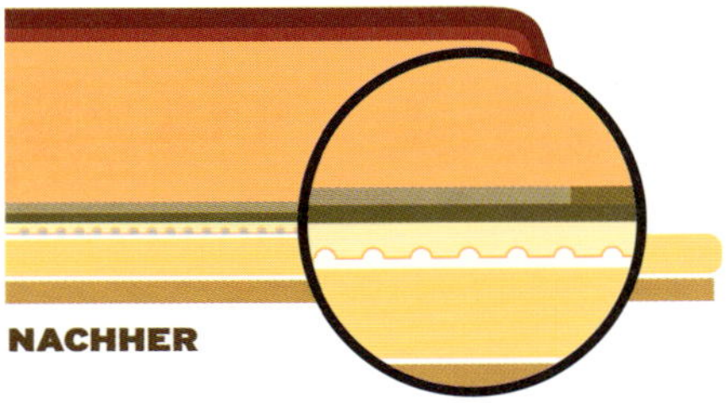

NACHHER

Über die Sommerpause (vor beziehungsweise unmittelbar nach dem Transport auf dem Autodach) sollte ein Board besonders gut gewachst sein, da auch ein neues, wenig gefahrenes Board ohne ausreichenden Oxidationsschutz für Belag und Kante stark in Mitleidenschaft gezogen werden kann.

GLOSSAR

AIR Sprung, sowohl in der Halfpipe als auch über eine Schanze oder ein Hindernis

ALLROUND-BOARD 150 –170 cm mit hoher Laufruhe und gutmütigem Charakter (Freestyle und Alpin)

ALPIN-BOARD 140 – 190 cm mit relativ starker Taillierung und einer meist planen Lauffläche; mit Allround-Eigenschaften, der Schwerpunkt liegt beim Fahren von geschnittenen Schwüngen

ANALYSATOREN Komplex innerhalb des sensorischen Systems, bestehend aus spezifischen Rezeptoren und afferenten Nervenbahnen (zu den sensorischen Zentren); jeder Analysator hat Anteil an der Gesamtinformation über einen Bewegungsablauf

ANDRECHT Hintere Hand im Schnee, vordere greift an die Fersenkante (Backside Manöver)

ANTI-RUTSCH-PAD Rutschfeste Fläche zwischen den Bindungen

ANTIZIPATION Gedankliche Vorwegnahme eines Handlungs- und Bewegungsablaufs

ASYMMETRICAL /ASY. Die Asymmetrie kommt heute praktisch nur noch bei Freecarveboards und einigen Alpin-/Raceboards zum Einsatz

BACKFLIP (AUCH BACKLOOP) Rückwärtssalto

BACKSIDE GRAB Vordere Hand greift an die Fersenkante

BACKSIDE INVERT Hintere Hand im Schnee, vordere greift an die Zehenkante (Backside Manöver)

BACKSIDE MANÖVER (IN DER HALFPIPE) Körperrückseite zur Wall

BACKSIDE TURN Durch Belastung der Fersenkante ausgelöster Schwung (Körperrückseite zum Kurvenmittelpunkt)

BAIL Kontrollierter Sturz

BANK Sehr flache Schanze, eher Hügel

BARREL ROLL Salto in der Halfpipe

BELASTEN Erhöhung der Kräfte, die auf das Board wirken, durch KSP-Verlagerungen

BELASTUNGSWECHSEL Druckveränderung entlang der Breitenachse des Boardes

BEWEGUNGSHANDLUNG Durch motorische Prozesse geprägte Handlung, deren Ziel nur durch Bewegungen erreicht

BEWEGUNGSSTRUKTUR Die Bewegungsstruktur bezieht sich auf die gesetzmäßige, gleichzeitige oder aufeinanderfolgende Ausführung aller Elemente einer komplexen Bewegung als einheitliches Ganzes im Raum sowie in einem entsprechenden Zeitablauf

BIEGELINIE Biegeeigenschaften des Boards in Längsrichtung

BLUNT Stilart oder Slide mit dem Nose- oder Tailbereich auf dem Coping

BONE Sprungstilart, bei der das hintere Bein angehockt und das vordere durchgestreckt wird

BUCKLE Schnalle einer Softbindung (auch Buckle-Bindung genannt)

CABALLERIAL 360 Air, Fakie angefahren, ungegriffen, benannt nach seinem Erfinder Steve Caballero

CARVEN Geschnittene Schwünge auf der Kante, ohne zu rutschen

CORKSCREW Ähnlich wie ein McTwist, allerdings über einen Jump gesprungen; man dreht sich über die Schulter

DESASTER Trick, bei dem das Brett quer zur Flugrichtung in der Mitte auf einer Kante aufliegt (Air to Desaster)

DIFFERENZIERUNGSFÄHIGKEIT Fähigkeit zur optimalen Koordination einzelner Bewegungsphasen und Teilkörperbewegungen hinsichtlich Kraft, Zeit und Raum

DOWNHILL Schnelle Schußfahrt

DREHIMPULS Impuls eines rotierenden Körpers als Produkt aus Trägheitsmoment und Winkelgeschwindigkeit des Körpers um die Drehachse

DRIFTEN Fortbewegungsrichtung weicht von der Boardlängsachse ab (Rutschen)

DROP IN Einfahren in die Pipe

EFFEKTIVE KANTENLÄNGE Länge der Kante, die bei flacher Belastung den Bodenberührt

EINEINHALBSCHWUNG Schwung zum Hang und Einzelschwung

EINZELSCHWUNG Board wird aus der Schrägfahrt umgekantet und wieder zum Hang gesteuert

ELGUERIAL 360 Grad invert, Fakie angefahren (Backside Manöver)

ENTLASTEN Verminderung der Drehwiderstände auf das Board

ENTRY JUMP Erster Sprung in einer Halfpipe

FACE PLANT Sturz, bei dem das Gesicht zuerst auf dem Schnee landet

FAKIE Rückwärtsfahren

FALLINIE Kürzeste gedachte Verbindungslinie zwischen dem höchsten und dem tiefsten Punkt einer Piste – entlang jener sich Wasser bewegen würde

FEINKOORDINATION Entwicklungsziel der zweiten motorischen Lernphase mit folgenden Merkmalen: harmonischer Bewegungsablauf ohne Luxusbewegungen, zielgenaue Steuerung der Gesamtbewegung, richtiger Krafteinsatz und guter Bewegungsfluß

FEINSTKOORDINATION Optimales Zusammenspiel aller am Bewegungsablauf beteiligten Muskeln und Gelenke auch unter dem Einfluß von Störfaktoren

FLAT Ebene Fläche zwischen den Wänden der Halfpipe

FLIP Vertikale Rotation (Drehung um die Körperquerachse)

FREECARVEBOARD Alpinbrett, das gutmütig zu fahren ist und sich für alle Geländeformen eignet

FREESTYLE Findet im Gelände und an künstlichen Obstacles in statt; Ziel des Fahrers ist es, die gegebenen Formationen optimal zu nutzen (Wettkampfdisziplin)

FREESTYLEBOARD 140 – 160 cm langes Board mit stark aufgebogener Nose und Tail

FRONTLOOP Vorwärtssalto

FRONTSIDE GRAB Hintere Hand greift an die Zehenkante

FRONTSIDE INVERT Vordere Hand im Schnee, hintere greift an die Zehenkante

FRONTSIDE MANÖVER (IN DER HALFPIPE) Körpervorderseite zur Wall

FRONTSIDE TURN Durch Belastung der Zehenkante ausgelöster Schwung (Körpervorderseite zum Kurvenmittelpunkt)

FUN BOX Künstliches Schneeobjekt, das von mehreren Seiten angefahren werden kann

FUNKTIONELLE TECHNIK Situationsbedingt, biomechanisch günstigstes Lösungsverfahren zur Bewältigung einer sportlichen Bewegungsaufgabe

GAP Lücke in einer Halfpipe oder in einem Sprung, z.B. Straße

GAY TWIST Fakie 360 Grad mute grab

GEGENDREHEN Oberkörper dreht entgegengesetzt zur Drehbewegung des Boards

GIRLANDE Übung zur Schulung des Auslösens eines Schwunges

GOOFY Fahrer- bzw. Bindungsposition, bei welcher rechter Fuß in der vorderen Bindung steht

GRIND In Fahrtrichtung auf dem Belag auf einem Rail o.7. rutschen

GROBKOORDINATION Zweite Lernphase bei der Entwicklung einer sportlichen Technik, die sich an die Vermittlungs- und Erfassungsphase anschließt; der Athlet beherrscht die Bewegungsaufgabe am Ende dieser Lernetappe in der Grobform

HAAKEN FLIP Fakie 360 Grad Flip (Namensgeber: Terje Kaakonson)

HALFPIPE „Halbe Röhre": Eine künstlich angelegte Rinne im Schnee, mit Copings, Vert, Transition und Flat

HANDPLANTS Eine Art Handstand auf dem Coping

HARDBOOTS Snowboardschalenschuhe, der sich aus dem Skischuh entwickelt hat

HIP Rechtwinkliger, dreieckiger Sprung mit Spitze zum Berg, der von zwei Seiten her angefahren werden kann.

HOCHENTLASTEN Wird eine Hochbewegung verlangsamt oder gestoppt, kommt es zu einer Hochentlastung

IDEOMOTORIK Muskelbewegungen, die aufgrund von Vorstellungsbildern unwillkürlich ausgelöst werden; Ideomotorik spielt als „innere Mitbewegung" beim mentalen Training eine zentrale Rolle

INDY AIR Hintere Hand greift an die Zehenkante (Backside Manöver)

INNERE BILDER Vorstellung von Bewegungsabläufen oder Einzelbildern einer Bewegung

INSERTS Gewindehülsen im Board, um die Bindungsschrauben aufzunehmen

INVERTED AIR Alle Sprünge, bei denen der Kopf tiefer liegt als das Board

JUMP Sprung

KICKER Steile Schanze oder steiler Absprung einer Schanze

KINDERBOARD 100 – 140 cm, schmal und weich

KOGNITIVER BEREICH Denkvorgänge betreffend

KOPPLUNGSFÄHIGKEIT, MOTORISCHE Nach Hahn, "Fähigkeit, aus Einzelbewegungen, Elementen und speziellen Bewegungsphasen eine Handlungskette zu bilden, die als Programm sichtbar wird"

KÖRPERACHSE Symmetrieachse eines Körpers in zwei aufeinander senkrecht stehenden Ebenen
1. Longitudinalachse = Längsachse (verläuft senkrecht durch den stehenden Menschen)
2. Transversalachse = Breitenachse (verläuft quer durch den Körper)
3. Sagittalachse = Tiefenachse (verläuft durch die vordere und hintere Körperwand)

KÖRPERSCHWERPUNKT (KSP) Punkt eines Körpers, der sich nach den Gesetzen der Mechanik so bewegt, als ob die gesamte Körpermasse in ihm vereinigt wäre und alle auf den Körper einwirkenden Kräfte in ihm angreifen würde

LATE Alle Tricks, die verzögert ausgeführt werden, z.B. Late 180 Grad: erst fliegen, kurz vor der Landung drehen

LAYBACK AIR Hintere Hand im Schnee, vordere greift an die Zehenkante (Frontside Manöver)

LEASH Fangriemen

LEISTUNGSSTEUERUNG Zielgerichtete, wissenschaftlich und empirisch unterstützte Regelung des Trainingsprozesses zur Leistungsoptimierung

LES TWIST Fakie 360 Grad backside grab, Namensgeber: Lester Kasai

LIEN AIR FS-Air, vordere Hand greift an die Fersenkante, kommt von Neil Blender (Neil rückwärts)

LIP Natürliches Coping an einer Schneewächte

LIPSLIDE Slide in Desaster Position, Abgang zur gleichen Seite, von welcher der Trick angefahren wurde

LIPTRICKS Tricks an einer Kante, z.B. Coping

MANUALS (WHEELIES) Fahren, während das Brett nur Schneekontakt im Nose- oder Tailbereich hat

MCHAWK Fakie angefahrener 720 Grad Sprung, benannt nach seinem Erfinder Tony Hawk

MCTWIST Eingerollter, d.h. auch vertikal gedrehter 540 Grad Sprung in der Halfpipe, erstmals von Mike McGill gemacht

MELON GRAB Nosebone, vordere Hand greift an die Fersenkante zwischen die Beine

METHOD AIR Sprung, Backside gegriffen, bei dem der Körper ein Hohlkreuz formt

MILLER FLIP Vordere Hand im Schnee, hintere Hand greift an die Zehenkante, am höchsten Punkt wird „übergekippt" und Fakie weggefahren (Namensgeber: Chris Miller)

MISTY FLIP Flip mit Spin

MITDREHEN Oberkörper und Board drehen synchron

MUSKELKONTRAKTION Zusammenziehen eines Muskels infolge von Reizeinwirkung

MUTE GRAB Vordere Hand greift an die Zehenkante

NOSE Brettspitze

NOSE BONE Sprung, bei dem das vordere Bein gestreckt und das hintere angezogen wird, wird gegriffen (siehe Melon Grab)

NOSE GRAB Hand greift an die Brettspitze

OBSTACLE PARK/SNOWPARK Gelände mit künstlich angelegten Hindernissen und Geländeformen

OFF THE LIP Begriff aus dem Wellenreiten, bedeutet hier das Drehen auf einer Wächtenkante

OLLIE Sprung ohne Schanze, es wird über das Tail abgedrückt; Namensgeber: Allan „Ollie" Galfand

ONE FOOTER Alle Sprünge, bei denen ein Fuß nicht in der Bindung festgeschnallt ist, in der Regel ist das hintere Bein frei

OVERVERT Überhängende Wand (mehr als 90 Grad)

PERIODISIERUNG Phasenförmige Veränderung des Trainings in bezug auf die optimale sportliche Leistungsfähigkeit

PLATTFORM Waagrechte Standfläche auf den Wänden der Halfpipe, direkt ans Coping anschließend, oder auf langen Schanzen

PLATTENBINDUNG Snowboardbindung für Hardboots

PUSHEN Beschleunigen während der Fahrt durch aktiven Einsatz

RACEBOARD Snowboard, das in erster Linie für den Einsatz im Wettkampf gebaut ist, man unterscheidet Slalom-, und Riesensalombretter

RAIL/HANDRAIL Künstliches Geländer für Slides

RAMP Schanze

REGULAR Linker Fuß steht auf dem Board vorne

REVERT Nach Trickbeendigung wird im letzten Moment die Fahrtrichtung um 180 Grad geändert

REWIND Einen Trick zunächst ausführen und dann wieder rückgängig machen

ROCKER Aufbiegung des Tail

SCHAUFELRADIUS Verlauf des Radius der Schaufelaufbiegung

SCHWUNG ZUM HANG Board wird durch Aufkanten bis zum Stillstand zum Hang gesteuert

SCOOP Aufbiegung der Nose

SHAPEN Formen eines Hindernisses oder einer Halfpipe

SHAPES Darunter versteht man die Geometrie des Snowboards, welche die Fahreigenschaften sehr stark beeinflußen

SHIFTY Vorderes Bein gestreckt, das Brett wird in Richtung Zehenkante verdreht, der Oberkörper in Richtung Fersenkante

SLIDE Rutschen, quer zur Fahrtrichtung, kann auch im Flat gemacht werden

SOFTBOOT Snowboardschuh für Schalenbindung, der sich aus Winterschuhen entwickelt hat.

SPIN Horizontale Rotation. Gibt 360er, 540er, 720er, 900er, 1080er (Drehung um die Körperlängsachse)

SPINE Mittlere Wand, wenn zwei Half- o. Quaterpipes Rücken an Rücken direkt aneinander anschließend stehen

STALEFISH Hintere Hand greift an die Fersenkante zwischen die Beine

STEP-IN Statt eines Bügels der von Hand zu schließen ist, schnappt der Bügel der Step-in automatisch beim Einsteigen in die Bindung zu, ähnlich einer Skibindung

STIFFY Beide Beine sind voll ausgestreckt, meist mit der hinteren Hand an der Zehenkante gegriffen

SWITCHSTANCE, SWITCHFOOT Goofytricks regular-gefahren oder umgekehrt

SYMMETRICAL Snowboard, das in Fahrtrichtung symmetrisch aufgebaut wird

TABLE Erhöhtes Flachstück, Rampentisch, wird für Einfahrt in die Halfpipe benutzt

TAIL Brettende

TAIL GRAB Hand greift an Brettende

TAILLIERUNG Verhältnis von geringster zu größter Brettbreite

TIEFENTLASTEN Bei einer gleichmäßigen oder beschleunigten Tiefbewegung kommt es zu einer Tiefenlastung

TRANSFER Sprung von einer Transition in eine andere

TRANSITION Biegung; Übergang von der Ebene zum Vert

TRICK Individueller, spielerischer Bewegungsablauf

TUCK KNEE Die Knie werden auf das Board gedrückt

TUNING Brettpflege

TWEAK Körper verdrehen, Stilmittel zum Stylen der Sprünge

TWIST Verdrehen um die Körperlängsachse

ÜBERDREHEN Zu starkes "Vordrehen" des Oberkörpers

ÜBERSTEUERN Heck des Board bricht schwungauswärts aus

UNTERSTEUERN Board steuert nach dem Umkanten geradeaus

VERT Vertikaler Bereich einer Wall (Wand der Halfpipe)

VESTIBULARAPPARAT Organ im inneren Ohr, das die räumliche Orientierung und die Stabilisierung des Gleichgewichts ermöglicht

VITELLI TURN Extrem geschnittener Schwung; der Körper kippt parallel zur Piste (Erfinder: Serge Vitelli)

VORDREHEN Oberkörper dreht voraus und das Board folgt der Oberkörperdrehung

VORSPANNUNG Aufwölbung des unbelasteten Boards nach oben

WAHRNEHMUNG Summe der Reizaufnahmen durch die taktilen, optischen, akustischen, emotionalen und kinästhetischen Sinnesorgane

WALL „Wand", Seite der Pipe

ZENTRIFUGALKRAFT Bei Drehbewegungen auftretende Kraft, die radial von der Drehachse weggerichtet ist und den bewegten Körper tangential zur Bahnkurve bewegt

ZENTRIPETALKRAFT Die zur Achse der Drehbewegung gerichtete Kraft

ZIELÜBUNGEN Übungen, die am Ende einer Unterrichtseinheit oder einer methodischen Übungsreihe von den Schülern unter normalen Bedingungen in der Grobform beherrscht werden soll

Literatur- und Quellenverzeichnis

Ahonen J., et al., Sportmedizin und Trainingslehre, Schattauerverlag, Stuttgart 1994

ASA (Austrian Snowboard Assoziation), Snowboardlehrplan, 1994

Bauer P., Snowboarding - Gleiten über weiße Wellen, München 1988

Baumann H., Reim H., Bewegungslehre, Diesterweg und Sauerländer-Verlag, o.O. 1994

DSDV - Deutscher Snowboard Dachverband, Lehrplan, o.O. 1992

DSLV (Deutscher Schilehrerverband), Snowboardlehrplan, München 1996

DSV (Deutscher Schiverband), Snowboardlehrplan, München 1995

Fetz Friedrich, Müller Erich, Biomechanische Merkmale alpiner Skilauftechniken, o.J.

Fetz Friedrich, Allgemeine Methodik der Leibesübungen, Österreichischer Bundesverlag, Wien 1988

Holler Johannes, Das Neue Gehirn, Junfermann Verlag, Paderborn, o.O. 1996

Hoppichler F., Die österreichische Skischule, Herant-Verlag Sportmagazin, o.O., o.J.

Hotz A., et al., Optimales Bewegungslernen, Perimed Verlag, Erlangen 1983

Jonath U., Lexikon Trainingslehre, o.O. 1986

König J., Ettel J., Freestyle Snowboard Book, Monster Verlag, Münster 1991

König J., Ettel J., Halfpipe Snowboard Book, Monster Verlag, Münster 1991

Martin D., et al., Handbuch Traininglehre, Hofmannverlag, Schorndorf 1993

McCluggage Denise, Der innere Schwung, Ravensburger 1987

Messmer CH., Spies,O., Snowsurfen, Bielefeld 1987

Miko H.CH.:, Lehrunterlage des Universitäts-Sportinstitut Wien, 5.-unveröffentl. Auflage, Wien 1996

Mosca Cla, Snowboard Guide 1996/97, etectra 1996

Mühlfriedel B., Trainingslehre, Diesterweg- und Sauerländer-Verlag, o.O. 1994

Müssig Petra, Snowboard professional, Pietsch Verlag, o.O.1997

Röthig P., Sportwissenschaftliches Lexikon, Beiträge zur Lehre und Forschung im Sport, 5. neu bearbeitete Auflage, Schorndorf 1983

SSBS (Schweizer Snowboardschulverband), Snowboardlehrplan, o.O. 1993

Steiner M., Hatje T., Snowboard – Das Handbuch, Bruckmann Verlag, o.O. 1996

Tiwald Horst, Budo Tennis I, Eine Einführung in die Bewegungs- und Handlungstheorie des Budo am Beispiel des Anfänger-Tennis, Ahrensburg 1983

Weineck J., Optimales Training, Beiträge zur Sportmedizin, 9. Auflage, PERIMED-spitta, Med.-Verl.-Ges., Balingen 1996

Weiss Ch., Snowboarding Know-how, BLV-Verlagsgesellschaft, o.O. 1992

Weiss Ch., Snowboarding Experts, BLV-Verlagsgesellschaft, 1996

Westerfeld, N., Die Snowboardlehrpläne in den Alpenländern, Dortmund 1997 (unveröffentl. Diplomarbeit, Universität Dortmund)

Wirhed Rolf, Sport-Anatomie und Bewegungslehre, Schattauer Verlag, Stuttgart 1984